DIE WAISEN
DES ELDORADO

MILTON HATOUM

DIE WAISEN
DES ELDORADO

DER MYTHOS
VON DER VERZAUBERTEN STADT

Aus dem brasilianischen Portugiesisch von
Karin von Schweder-Schreiner

Berlin Verlag

Mix
Produktgruppe aus vorbildlich bewirtschafteten
Wäldern und anderen kontrollierten Herkünften
www.fsc.org Zert. Nr. GFA-COC-001278
© 1996 Forest Stewardship Council

Copyright © 2008 by Milton Hatoum
Die Originalausgabe erschien 2008 unter dem Titel
Órfãos do Eldorado
bei Companhia das Letras, São Paulo
Für die Mythen-Reihe von Canongate Books, Ltd, Edinburgh
Für die deutschsprachige Ausgabe
© 2009 Berlin Verlag GmbH, Berlin
Alle Rechte vorbehalten
Umschlaggestaltung: Nina Rothfos und Patrick Gabler, Hamburg
Typografie: Birgit Thiel
Gesetzt aus der Garamond von Greiner & Reichel, Köln
Druck & Bindung: CPI – Ebner & Spiegel, Ulm
Printed in Germany
ISBN 978-3-8270-0502-1

www.berlinverlage.de

Du sprachst: »Ich gehe in ein anderes Land,
an eine andere Küste.
Es findet sich die andere Stadt, die besser ist als diese eben.
Jeder meiner Mühen ist das Scheitern vorgegeben;
und es ist mein Herz – als sei es tot – begraben.
Wie lange noch verharren hier in Ödnis die Verstandesgaben.
Wohin ich mein Auge wende, wohin ich auch schau',
hier sehe ich nur meines Lebens schwarzen Trümmerbau,
welches ich so viele Jahre führte und verheerte und verwüste.«

Du findest keinen neuen Platz, findest keine anderen Küsten.
Dir folgt die Stadt. Durch die Straßen streifst du, unveränderlich
dieselben. Und in selben Vierteln kommt das Alter über dich;
und es wird in selben Häusern weiß dein Haar.
Dein Ziel liegt stets in dieser Stadt.
Nach anderen Orten – Hoffnung fahr –
gibt es kein Schiff für dich und gibt es keine Straße.
Wie du dein Leben hier verheert hast,
in dem Maße dieses kleinen Ecks,
so musstest du es in der ganzen Welt verwüsten.

Die Stadt, 1910
Konstantinos Kavafis

DIE STIMME DER FRAU lockte so viele Menschen an, dass auch ich mich aus dem Haus meines Lehrers stahl und ans Ufer des Amazonas lief. Es war eine Indianerin, eine der Tapuias der Stadt, die da redete und auf den Fluss wies. An das Muster ihrer Gesichtsbemalung kann ich mich nicht mehr erinnern, wohl aber an die Farbe: Rot, Urucum-Saft. Ein Regenbogen am feuchten Nachmittag sah aus, als wände er sich einer Schlange gleich um den Himmel und das Wasser.

Florita kam hinter mir her und übersetzte, was die Frau in indianischer Sprache sagte; sie gab ein paar Sätze wieder, dann, unsicher geworden, verstummte sie. Sie misstraute dem, was sie übersetzte. Oder der Stimme. Die Frau sagte, sie habe ihren Mann verlassen, weil er ständig auf die Jagd gegangen oder unterwegs gewesen sei und sie im Dorf allein gelassen habe. Bis eines Tages ein Verzauberter sie gelockt habe. Nun wolle sie zu ihrem Geliebten, tief unter dem Wasser. Sie wolle in einer besseren Welt leben, ohne all das Leid und Elend. Während sie sprach, sah sie weder zu den Trägern der Markthalle noch zu den Fischern oder den Schülerinnen vom Colégio do Carmo. Ich weiß noch, dass die Mädchen weinten und wegliefen, doch erst sehr viel später habe ich begriffen, warum. Plötzlich verstummte die Tapuia und ging ins Wasser. Die Neugierigen blieben wie gebannt stehen. Und alle sahen, wie sie ruhig in Richtung der Ilha das Ciganas schwamm. Die Gestalt wurde immer kleiner im schimmernden Fluss, dann rief jemand: »Die wird ertrinken, die Verrückte.« Die Bootsführer ruderten zu der Insel, fanden die Frau aber nicht. Sie war verschwunden. Und ist nie wieder aufgetaucht.

Florita übersetzte die Geschichten, die ich hörte, wenn ich mit den Indianerkindern aus dem Dorf ganz am Ende der Stadt spielte. Merkwürdige Sagen. Zum Beispiel: Die Geschichte von dem Mann mit dem langen Pimmel, so lang, dass er den ganzen Amazonas überquerte, sich durch die Insel Espírito Santo bohrte und an dem See Espelho da Lua ein Mädchen aufspießte. Anschließend wickelte sich der Pimmel dem Mann um den Hals, und während der nach Luft ringend zappelte, fragte das Mädchen lachend: »Wo ist denn der lange Pimmel?«

Ich erinnere mich auch noch an die Geschichte von einer Frau, die von einem Tapir verführt wurde. Ihr Mann tötete den Tapir, schnitt ihm den Penis ab und hängte ihn an den Eingang der Hütte. Da bestrich die Frau den Penis mit Lehm, bis er trocken und hart wurde; dann sprach sie zärtliche Worte zu ihm und vergnügte sich mit ihm. Daraufhin rieb der Mann den Lehmpenis kräftig mit Pfeffer ein, versteckte sich und sah heimlich zu, wie die Frau an dem Penis leckte und sich auf ihn setzte. Es heißt, sie sei aufgesprungen und habe vor Schmerzen geschrien, und die Zunge und der Leib hätten ihr wie Feuer gebrannt. Da half nur, in den Fluss zu springen und zum Frosch zu werden. Und der Mann lebte fortan, traurig und reuig, am Wasser und flehte, die Frau möge zu ihm zurückkehren. Solche Sagen hörten Florita und ich von den Großeltern der Kinder aus dem Indianerdorf, und zu Hause, an den einsamen Abenden meiner Kindheit, erzählte Florita die Geschichten dann noch einmal.

Eine seltsame Geschichte machte mir Angst: die Geschichte von dem abgeschlagenen Kopf. Von der geteilten Frau. Ihr Körper geht immer auf der Suche nach Essen in andere Dörfer, aber ihr Kopf fliegt davon und heftet sich an die Schulter ihres Mannes. Der Mann und der Kopf bleiben den ganzen Tag über zusammen. Am Abend, wenn ein Vogel singt und der erste Stern am Himmel steht, kehrt der Körper der Frau zurück und vereint sich mit dem Kopf. Doch eines Abends raubt ein anderer Mann den kopflosen Körper. Der Ehemann will nicht nur mit dem Kopf seiner Frau leben, er möchte sie ganz haben. Sein Leben lang sucht er nach dem Körper, abends beim Einschlafen und morgens beim Aufwachen sitzt der Kopf seiner Frau auf seiner Schulter. Ein stummer, aber lebendiger Kopf: Er konnte die Welt mit den Augen fühlen, und die Augen trockneten nicht aus, sie nahmen alles wahr. Ein Kopf mit Herz.

Ich war damals neun oder zehn Jahre alt, die Geschichte habe ich nie vergessen. Hört heute noch jemand diese Stimmen? Mich haben diese Geschichten nachdenklich gemacht, denn irgendwann gehen sie in unser Leben ein. Der eine Kopf hat mich ruiniert. Der andere hat mich an Herz und Seele verwundet zurückgelassen, am Ufer dieses Flusses, allein mit meinem Leid und der Hoffnung auf ein Wunder. Zwei Frauen. Aber ist die Geschichte einer Frau nicht die Geschichte eines Mannes? Wer hatte vor dem Ersten Weltkrieg nicht von Arminto Cordovil gehört? Viele Menschen kannten meinen Namen, alle Welt hatte von dem Reichtum und dem Ruhm meines Vaters Amando gehört, dem Sohn von Edílio.

Siehst du den Jungen da mit dem Dreirad? Der verkauft Eis am Stiel. Pfeift vor sich hin, der durchtriebene Bengel. Ganz sachte nähert er sich dem Schatten unter dem Jatobá. Früher hätte ich ihm die ganze Box voll Eis auf einmal abkaufen können und noch das Dreirad dazu. Heute weiß er, dass ich nichts kaufen kann. Nur um mich zu triezen, sieht er mich mit seinem Eulenblick an. Dann kichert er kurz, fährt weiter, und bei der Karmeliterkirche ruft er: »Arminto Cordovil ist verrückt.« Nur weil ich den ganzen Nachmittag am Fluss sitze. Wenn ich auf den Amazonas blicke, bricht die Erinnerung auf, eine Stimme kommt aus meinem Mund, und ich höre erst auf zu reden, wenn der große Vogel ruft. Der Tinamu erscheint später, graues Gefieder, die Farbe des Himmels, wenn es dunkelt. Er ruft zum Abschied vom Tageslicht. Dann verstumme ich und lasse die Dunkelheit in mein Leben ein. Unser Leben nimmt immer neue Wendungen. Ich wohnte damals nicht in dieser schäbigen Hütte. Das weiße Palais der Cordovils, das war ein richtiges Haus. Als ich beschloss, mit meiner Geliebten im Palais zu wohnen, verschwand sie von dieser Welt. Es hieß, sie lebe in einer verzauberten Stadt, aber das glaubte ich nicht. Außerdem saß ich in der Klemme, war blank wie eine Kletterstange. Ohne Liebe und ohne Geld, und dazu in Gefahr, das weiße Palais zu verlieren. Aber ich besaß nicht den Starrsinn meines Vaters. Auch nicht seine Schläue. Amando Cordovil hätte es fertiggebracht, sich die ganze Welt einzuverleiben. Er kannte keine Angst, er war ein Mann, der über den Tod lachte. Und dann das: Ein Vermögen fällt dir in die Hände, aber ein Windstoß fegt alles fort. Ich habe das Vermögen mit der Gier blinder Lust vergeudet. Ich wollte die Vergangenheit auslöschen, den Ruhm meines Großvaters Edílio tilgen. Diesen Cordovil habe ich nie gekannt. Es heißt, er habe weder Erschöpfung noch Müßiggang kennengelernt und trotz der ständigen feuchten Hitze wie ein Pferd geschuftet. 1840, nach Beendigung des Cabanos-Krieges, pflanzte er Kakao auf der Fazenda Boa Vida, seinem Besitz am rechten Ufer des Uaicurapá, nur wenige Bootsstunden von hier entfernt. Aber er starb, bevor er einen alten Traum verwirklichen konnte: das weiße Palais hier in der Stadt bauen. Amando weihte das Haus ein, als er meine Mutter heiratete. Und träumte fortan von ehrgeizigen Routen für seine Frachter. Eines Tages werde ich der Booth Line und dem Lloyd Brasileiro Konkurrenz machen, sagte mein Vater. Ich werde Kautschuk und Paranüsse nach Le Havre, Liverpool und New York verschiffen. Auch er ein Brasilianer, der auf Größe hoffte, aber starb. Am Ende habe ich noch anderes erfahren, doch es hat keinen Sinn vorzugreifen. Ich erzähle, so weit meine Erinnerung reicht, ganz in Ruhe.

Ich muss wohl zwanzig gewesen sein, als mein Vater Amando mit mir nach Manaus fuhr. Die ganze Fahrt über schwieg er; erst als wir an Land gingen, sagte er diese beiden Sätze: »Du wohnst ab sofort in der Pension Saturno. Und du weißt, warum.«

Es war ein kleines, altes einstöckiges Haus in der Rua da Instalação da Província. Ich bewohnte ein Zimmer im Erdgeschoss und benutzte das Badezimmer neben dem Keller, in dem mehrere Burschen schliefen, die aus dem Instituto de Jovens Artífices weggelaufen waren. Sie lebten von Gelegenheitsarbeiten, halfen in Bäckereien aus und im Lokal Cervejaria Alemã; einer von ihnen, Juvêncio, ohne Ausbildung und Arbeit, hatte immer ein Fischmesser bei sich, mit ihm trieb keiner Scherze. Wenn mein Vater im Büro war, stahl Florita sich davon zur Pension, um mit mir zu sprechen und meine Wäsche zu waschen. Sie mochte Juvêncio nicht, hatte Angst, von ihm erstochen zu werden. Und sie fand mein Zimmer in der Pension Saturno scheußlich. Sie sagte: »Mit so einem Gefängniszellenfenster wirst du noch ersticken.« Florita war den Komfort der Villa in Manaus und des weißen Palais in Vila Bela gewohnt. Ich erkundigte mich nach Amando, aber sie erzählte mir nicht alles. Kein Wort über den neuen Frachter der Firma. Ich las in der Zeitung, dass das Schiff sich bereits in Manaus Harbour befand. Ein Dampfer mit Rädern an den Seiten, auf der deutschen Werft Holtz gebaut. Ein richtiger Frachter, die anderen beiden waren Lastkähne, Leichter. Ich war stolz und zeigte Florita die Zeitung.

»Ich wollte zur Feier ein Abendessen machen«, sagte sie. »Aber dein Vater wollte es nicht. Er macht sich Sorgen, wie er das Schiff bezahlen soll. Oder wegen etwas anderem.«

Florita wünschte sich, ich würde mit ihr und Amando unter einem Dach wohnen. Alle drei in der Villa in Manaus. Auch ich wünschte mir das, und sie wusste es. Hier in Vila Bela erzählte man Florita, mein Vater sei mit meiner Mutter glücklich gewesen. Als sie starb, wusste Amando nicht, was er mit mir machen sollte. Noch heute habe ich die vernichtenden Worte im Ohr: »Deine Mutter hat dich geboren und ist dabei gestorben.« Florita hörte den Satz, nahm mich in den Arm und ging mit mir in mein Zimmer.

Eine Tapuia war meine Amme. Indianerinnenmilch oder milchiger Saft aus dem Baumstamm eines Amapá. An das Gesicht dieser Amme kann ich mich nicht erinnern, an überhaupt keins. Zeit der Dunkelheit, ohne Erinnerung. Bis Amando eines Tages mit einem Mädchen zu mir ins Zimmer kam und sagte: »Sie wird sich um dich kümmern.« Florita ist nie mehr von meiner Seite gewichen, deshalb fehlte sie mir, als ich in der Pension wohnte.

In Manaus machte ich nichts, las nur im Speiseraum, während der Nachmittagshitze legte ich mich hin, wachte verschwitzt auf, dachte an meinen Vater. Ich erhoffte mir etwas, wusste aber nicht, was. Am meisten beschäftigte mich damals die Frage, ob ich an dem feindseligen Schweigen zwischen uns schuld war oder er. Ich war noch jung, ich glaubte, die Strafe dafür, dass ich Florita missbraucht hatte, sei verdient; deshalb müsse ich diese Schuld auf mich nehmen. Ich ging ins Bairro dos Ingleses und schlich um die Villa herum, in der Hoffnung, mit meinem Vater sprechen zu können oder von ihm gesehen zu werden. Ich schaute auf die Wohnzimmerfenster und stellte mir vor, dass Amando verliebt das Bild meiner Mutter betrachtete. Ich hatte nicht den Mut anzuklopfen und ging die baumgesäumte Straße hinunter, sah mir die Bungalows und Chalets mit weitläufigen Gärten an. Eines Abends erblickte ich auf dem Boulevard Amazonas einen Mann, der Amando stark ähnelte. Der gleiche Gang, dieselbe Größe, hängende Arme, die Hände zur Faust geschlossen. Er ging neben einer Frau, vor dem Wasserturm da Castelhana blieben sie stehen. Als der Mann der Frau über den Kopf strich, kamen mir Zweifel, ob es mein Vater war. Wenn ich daran zurückdenke, fällt mir die Geschichte von dem abgeschlagenen Kopf ein. Der Mann verschwand wie eine Ratte: Er lief in eine dunkle Straße, zog die Frau am Arm mit. Am nächsten Tag ging ich zur Villa. Ich wollte wissen, ob er es wirklich gewesen war, den ich vor dem Wasserturm mit einer Frau gesehen hatte. Er ließ mich nicht herein und auch nichts fragen. In der Tür stehend sagte er:

»Was du mit Florita gemacht hast, war viehisch.«

Dann schloss er langsam die Tür, als wollte er nach und nach und für immer verschwinden.

Er verbrachte die meiste Zeit in Manaus. Fuhr mit der Straßenbahn ins Büro und arbeitete, bis er einschlief, wie er selbst sagte. Aber er kam oft hierher. Mein Vater war gern in Vila Bela, er hing krankhaft an seinem Geburtsort. Bevor ich in die Pension Saturno zog, war ich ein paarmal in den Ferien in Manaus gewesen. Dann wollte ich nicht nach Vila Bela zurück. Es war wie eine Zeitreise, Vila Bela hinkte ein Jahrhundert hinterher. In Manaus gab es alles: elektrisches Licht, Telefon, Zeitungen, Kinos, Theater, die Oper. Amando gab uns nur das Kleingeld für die Straßenbahn. Florita fuhr mit mir zum Pontonhafen und zur Voliere an der Praça da Matriz, dann liefen wir durch die Stadt, sahen uns die Filmplakate beim Alcazar und beim Polytheama an und kehrten am frühen Abend zur Villa zurück. Ich setzte mich auf den Klavierhocker und erwartete Amando. Angstvolles Warten. Ich wünschte mir, er würde mich in den Arm nehmen oder sich mit mir unterhalten, wünschte mir, dass er mich wenigstens ansah, doch ich hörte immer dieselbe Frage: Wart ihr spazieren? Dann ging er zur Wand und küsste das Foto meiner Mutter.

Als ich mich schon für immer verdammt glaubte, weil schuldig am Tod meiner Mutter, erschien der Anwalt Estiliano in der Rua da Instalação, um sich mit mir zu unterhalten.

Er ermahnte mich, ich dürfe nicht in einer Habenichts-Pension versauern. Er wusste, dass Amando so entschieden hatte, als Bestrafung für seinen lüsternen Sohn. Wollte ich mich nicht vielleicht für die Aufnahmeprüfung an der juristischen Fakultät vorbereiten? Dann würde mein Vater sich anders verhalten.

Estiliano war Amandos einziger Freund. »Mein lieber Stelios«, so nannte mein Vater ihn. Diese alte Freundschaft hatte an den Orten begonnen, von denen sie so laut sprachen, als wären sie noch halbe Kinder: an den Flussstränden des Uaicurapá und Varre Vento, am See Macuricanã, wo sie das letzte Mal zusammen geangelt hatten, bevor Estiliano nach Recife ging und als Anwalt zurückkehrte und bevor Amando meine Mutter heiratete. Trotz der fünfjährigen Trennung war die Freundschaft nicht abgekühlt. Sie trafen sich regelmäßig in Manaus und Vila Bela, betrachteten einander bewundernd, als stünden sie vor einem Spiegel, und wenn sie zusammen waren, konnte man meinen, der eine vertraue dem anderen mehr als sich selbst.

Der Anwalt trug wie immer ein weißes Jackett, Hosenträger und das Emblem der Juristen am Revers. Seine tiefe, raue Stimme schüchterte jeden ein; er war groß und zu kräftig, um unauffällig aufzutreten, und trank zu jeder Tages- oder Nachtzeit einen ordentlichen Rotwein. Wenn er viel trank, sprach er von den Pariser Buchhandlungen, als befände er sich dort, dabei war er nie in Frankreich gewesen. Wein und Literatur, das waren Estilianos Freuden; wo er seine fleischlichen Gelüste ließ oder versteckte, weiß ich nicht. Wohl aber weiß ich, dass er griechische und französische Dichter übersetzte. Und sich um die juristischen Fragen der Firma kümmerte. Amando, ein nüchterner Mann, schloss die Augen und hielt sich die Ohren zu, wenn sein Freund im Restaurant Avenida oder in der Kneipe am Largo do Liceu Gedichte rezitierte. Nach Florita war Estiliano der Mensch, der mir am nächsten stand. Und das bis zum letzten Tag.

Mein Vater würde sich anders verhalten. Nun gut. Zwei Jahre lang arbeitete ich in der Biblioteca Municipal; abends, in meinem Zimmer, las ich die Bücher, die Estiliano mir lieh. Die Burschen aus dem Keller lachten über mich. Der Herr Doktor der Pension. Der Mann der Gesetze. Juvêncio lachte nicht. Er war scheu und bedächtig, keiner, der viel sprach. Als ich zum Studium an der Universidade Livre de Manaus zugelassen wurde, zog ich aus der Pension aus. Und in derselben Woche zog auch Juvêncio aus. Er lebte fortan auf der Straße vor der High Life Bar, und ich wohnte über dem Lebensmittelgeschäft Cosmopolita in der Rua Marquês de Santa Cruz. Ein geräumiges Zimmer, mit Ausblick auf die Gebäude des Zollamts und der Hafeninspektion. Dort lernte ich die Stadt kennen. Das Herz von Manaus und seine Augen befinden sich in den Hafenbecken und am Ufer des Rio Negro. In dem großen Hafengebiet wimmelte es von Kaufleuten, Männern, die Fisch oder Kohle verkauften, Trägern und fliegenden Händlern. Ich fand eine Stelle im Laden eines Portugiesen, vormittags ging ich zur Universität, mittags aß ich in der Markthalle und am Nachmittag schleppte ich Kisten und bediente Kunden. Trotz meines geringen Gehalts könne ich meine Zimmermiete bezahlen, ließ ich Estiliano wissen.

Amando bestehe darauf, die Miete selbst zu zahlen, sagte Estiliano. »Er leidet unter eurer Trennung. Er ist zu stolz, um seinem Sohn die Hand zu reichen.«

Ich wollte zur Villa gehen, um dem stolzen Mann die Hand zu reichen, doch der Zufall sorgte für eine Begegnung. Eines Nachmittags musste ich zum Kai im Hafen von Escadaria fahren, um ein paar Kisten für das Geschäft aufzuladen. Amando war da, mit dem Geschäftsführer seiner Firma. Dieser Geschäftsführer ahmte meinen Vater in allem nach, selbst seinen Gang. Er trank keinen Alkohol, weil sein Chef Abstinenzler war, und seine Kleidung kaufte er im Mandarim, Amandos Lieblingsgeschäft. Was mich aber wirklich an ihm irritierte, war sein Blick. Ein Gesicht mit Glasaugen. Der Mann sah mich nie an. Und was an meinem Vater echt war, das wirkte beim Geschäftsführer fast komisch. Ich zeigte dem Zollinspektor die Frachtpapiere. Ich stand nur wenige Meter von Amando Cordovil entfernt und wartete auf ein Wort, er blickte auf meine Schürze, sagte nichts zur mir, dann ging er zum Kiosk der Markthalle, der Geschäftsführer wie ein Hund hinterher. Zwei Tage später teilte mir der Besitzer des Lebensmittelgeschäfts mit, ab sofort werde ein Neffe bei ihm arbeiten. Er brauche mich nicht mehr.

Ich habe nie genau erfahren, ob mir auf Veranlassung meines Vaters gekündigt wurde, hoffte aber immer noch, mit ihm sprechen zu können. Dem Besitzer des Cosmopolita sagte ich, dass ich keine Arbeit hätte und meine Miete nicht pünktlich zahlen könne. Da er Freunde bei der Hafenverwaltung hatte, begann ich beim Ein- und Ausschiffen der Passagiere zu arbeiten. Den ganzen Tag war ich im Hafen, fürs Studium blieb keine Zeit. Ich bekam kein Gehalt, nur Trinkgelder. Und man schenkte mir Kleider, Hüte und gebrauchte Bücher. Ich lernte die Kapitäne der *Atahualpa*, der *Re Umberto*, der *Anselm*, der *Rio Amazonas* kennen. Und freundete mich mit Wolf Nickels von der *La Plata* an. Diese Kapitäne arbeiteten bei den Reedereien Klamport & Holt, Ligure Brasiliana, Lloyd Brasileiro, Booth Line und bei der Hamburg-Süd. Gelegentlich begleitete ich ausländische Passagiere zu Bootsausflügen auf den Seen in der Nähe von Manaus; ging mit ihnen durch das Stadtzentrum, sie wollten unbedingt das Opernhaus Teatro Amazonas sehen, für sie war es unbegreiflich, dass mitten im Urwald solch ein architektonisches Wunderwerk stehen konnte.

Den deutschen Frachter sah ich einmal, frühmorgens, nach durchfeierter Nacht in einem billigen Klub in der Rua da Independência. Ich saß auf dem Anlegerponton und las das weiße Wort auf dem Bug: *Eldorado*. Welch eine Gier und Illusion. Während ich den Frachter betrachtete, dachte ich daran, wie sehr es Amando zuwider gewesen war, seinen Sohn mit den Kindern aus dem Indianerdorf spielen zu sehen. Wir erlegten mit Pfeil und Bogen Fische, kletterten auf die Bäume, badeten im Fluss und liefen über den Strand. Wenn er oben an der Escada dos Pescadores erschien, musste ich zurück in das weiße Palais. Ich dachte auch an seine Verachtung und sein Schweigen. Das tat mehr weh als die Geschichten, die er mir auf der Fazenda Boa Vida erzählte.

Damals kamen die Erinnerungen langsam hoch, wie Schweißtropfen. Ich gab mir Mühe sie zu vergessen, aber es gelang mir nicht. Und unbewusst wünschte ich mir, meinem Vater näherzukommen. Heute drängen die Erinnerungen mit Macht an die Oberfläche. Und sie sind klarer.

Inzwischen hatte ich mich an die Arbeit im Hafen gewöhnt. Ich unterhielt mich mit jungen Leuten, die zum Studium nach Recife, Salvador oder Rio de Janeiro gingen. Andere reisten nach Europa. Menschen aus vielen verschiedenen Ländern und allen Teilen Brasiliens kamen an. Das Problem waren die Armen. Die Regierung wusste nicht, wohin mit ihnen. Morgens sah man auf den Plätzen der Stadt ganze Familien, die auf alten Zeitungen geschlafen hatten, und ich konnte auf den zerknitterten, schmutzigen Seiten Nachrichten über meinen Vater lesen. Die wichtigste Nachricht galt der Ausschreibung einer Frachtverbindung von Manaus nach Liverpool. Sollte Amando die Ausschreibung gewinnen, würde er von der Regierung einen Zuschuss für den Kauf eines weiteren Frachters erhalten. Estiliano bestätigte dies und sagte, mein Vater brauche mich. Ich solle mit Amando in Vila Bela sprechen.

Ich fragte, warum wir uns nicht in Manaus treffen könnten.

»In Vila Bela sind die Probleme weit weg. Da ist er zu Hause.«

»Florita hat mich nie mehr besucht«, sagte ich.

»Eine Gemeinheit meines Freundes. Eifersucht. Aber das alles wird aufhören.«

Ich wusste nicht, ob Amando schon etwas mit Estiliano ausgemacht hatte. Ich war inzwischen nicht mehr ganz jung, aber mir fehlte der Durchblick oder die Schläue, um eine Falle zu wittern, in die der Vater den Sohn locken wollte. Ich stürzte mich ins Nachtleben in der Hafengegend. Dank der Kleider, die ich von den Passagieren geschenkt bekam, konnte ich die Frauen aus den bekannten Nachtklubs mühelos erobern. Ich trank gratis an Bord der *La Plata* und arbeitete als Träger und Touristenführer. Die Vorführungen von Zé Braseiro in der Markthalle Adolpho Lisboa lockten die Touristen und entsetzten sie. Zé Braseiro hatte nur Arme und Hände, seine Beine waren Fleischstummel. Er bewegte sich auf einem Karren, den ein Betreuer schob. Samstags baute dieser Betreuer bei den Fischhändlern ein Trapez auf. Zé Braseiro zog sich an einem Seil hoch, drehte sich auf dem Trapez, zeigte ein paar Kunststücke hoch oben und bekam seinen Applaus. Die Touristen weinten vor lauter Mitleid und warfen Geld in seinen Karren. Manchmal führte er seine Show auch noch auf dem Platz vor dem Teatro Amazonas auf.

Ich hätte lange Zeit weiter so gelebt, doch das Treffen mit Amando veränderte mein Leben. Vorher aber sorgte etwas in der Stadt für Unruhe. Der Betrieb im Hafen ließ nach. Es war nicht der Krieg in Europa, der Erste Weltkrieg. Noch nicht. Die Menschen waren gereizt, begehrten auf. Alles schien sinnlos und brutal. Innerhalb kurzer Zeit schlug die Stimmung in Manaus um. In der Zeitung las ich Klagen meines Vaters: Er beschwerte sich über die irrsinnigen Steuern, die Höhe der Zollgebühren, die miserable Organisation im Hafen, das Tohuwabohu in der Politik.

»Das ist nicht der einzige Grund, warum er wütend ist«, sagte Estiliano. »Amando hat erfahren, dass du das Studium aufgegeben hast, dich herumtreibst und in den Bordells der Stadt schläfst.«

»Woher weiß er das?«

»Er weiß alles. Bei unserem Treffen wird er das Thema ansprechen.«

»Ist es für eine Einigung mit ihm nicht zu spät?«

»Dies ist die Chance deines Lebens. Er wird alt, und du bist sein einziger Sohn. Noch vor Weihnachten sollst du in Vila Bela sein.«

Anfang Dezember wollte ich Florita in der Villa besuchen. Ein Nachbar teilte mir mit, sie und mein Vater seien nach Vila Bela gereist. Ich betrat den Garten, lugte durch die Fensterritzen ins Wohnzimmer, sah das Bild meiner Mutter nicht an der Wand, aber das schwarze Klavier stand an seinem gewohnten Platz.

Während ich das Wohnzimmer betrachtete, dachte ich daran, wie die Pianistin Tarazibula Boanerges gespielt hatte, als Amando Cordovil in der Villa den Kauf des zweiten Lastkahns für die Firma feierte. Ich war wohl sechzehn Jahre alt. Während des Abendessens nahm Amando einen jungen Gast in den Arm und sagte: »Du hast das Zeug zum Politiker, du solltest für das Bürgermeisteramt von Vila Bela kandidieren.«

Leontino Byron, der junge Mann, fragte, für welche Partei. »Das spielt keine Rolle«, antwortete mein Vater. »Die Hauptsache ist, du gewinnst.«

Es war eine der seltenen Situationen, in denen ich Amando begeistert erlebt habe, und ich freute mich richtig darüber, dass er mich den Gästen vorstellte. Einer der Gäste, der Direktor der Manaus Tramway, wollte mich mit seiner Tochter bekannt machen. Er wies auf ein junges Mädchen neben dem Klavier. Sie blickte lächelnd auf die Tasten: gute Zähne, schöne Augen und Gesichtszüge, in allem gut und schön, nur zu blass, die Haut so bleich wie Papier. Ich betrachtete noch das nahezu durchsichtige Weiß, da sagte Amando zu seinem Freund:

»Das hat keinen Sinn. Mein Sohn ist verrückt nach den kleinen Indiomädchen.«

Dann sprach er wieder über den Lastkahn und die Frachten. Ich weiß noch, dass ich das Wohnzimmer verließ und mit Florita in den Garten ging. Ich sagte zu ihr, dass ich nicht bei Amando wohnen wolle, weder im weißen Palais noch in der Villa in Manaus.

»Seit dem Tod deiner Mutter hat Seu Amando keinen Menschen mehr geliebt, nur seine verdammten Lastkähne.«

Sie küsste mich auf den Mund, der erste Kuss, und bat mich, Geduld zu haben. Verrückt nach den kleinen Indiomädchen. Mit dem Geschmack von Floritas Kuss auf den Lippen sprach ich diese Worte nach.

In Gedanken bei dieser Erinnerung ging ich weiter, fort von dem verschlossenen Haus, und dann entschied ich mich dafür, meine Arbeit aufzugeben und nach Vila Bela zu fahren. Ich sagte dem Besitzer des Cosmopolita, dass ich das Zimmer nicht weiter mieten wolle.

»Die Arbeit im Hafen ist auch wirklich nichts für einen Cordovil. Die Frachter deines Vaters haben Zukunft.«

Ich hatte das Gefühl, dass alle wussten, was ich gerade tat, und war überrascht, als der Besitzer des Lebensmittelgeschäfts mir eine Schiffspassage nach Vila Bela auf der *La Plata* überreichte und dazu einen mit der Maschine geschriebenen Zettel: *Treffen bei Anwalt Stelios am 24. Dezember um 17 Uhr. A. C.* Amando hatte alles festgelegt: das Datum meiner Abreise, das Schiff, Ort und Zeit des Treffens. Jahre später kamen mir Zweifel, ob wirklich er die Nachricht abgefasst hatte. Sie konnte auch von Estiliano geschrieben worden sein. Aber Tatsache ist, dass ich die Reise in der Erwartung antrat, mit meinem Vater sprechen zu können. Am 24. Dezember ging ich um zwei Uhr mittags in Vila Bela von Bord, und als ich das weiße Palais erblickte, überkamen mich Aufregung und Beklommenheit, wie es jedem geht, der nach

Hause zurückkehrt. Hier war ich ein anderer. Das heißt, ich selbst: Arminto, Sohn von Amando Cordovil, Enkel von Edílio Cordovil, Söhne von Vila Bela und dem Amazonas.

Ich merkte, dass mein Vater nicht im Haus war, denn Florita, nur mit Nachthemd bekleidet, umarmte mich fest und lange. Ich spürte, wie mir ihre kräftigen Hände über den Rücken strichen, beugte den Kopf und flüsterte: »Die Hausbesorger haben einen Spürsinn wie die Hunde. Denk nur daran, was unser Spielchen an dem Nachmittag angerichtet hat.«

Sie lockerte den Druck ihrer Hände und sah mich mit unschuldigem Lächeln an: »Willst du nicht mehr? War es nur an dem Nachmittag?«

Der bewusste Nachmittag sollte Anlass zu lebenslanger Eifersucht sein. Ich fragte, ob sie gewusst habe, dass ich kommen würde.

»Du und dein Vater, ihr haltet es weit weg von hier gar nicht aus«, antwortete sie.

Das sagte sie, dann ging sie mir mein Bad bereiten. Ich stellte fest, dass Amandos Hängematte an der gewohnten Stelle im Wohnzimmer aufgespannt war. Mein Zimmer aufgeräumt, das Moskitonetz über dem Bett, als hätte ich das Haus nie verlassen. Im Garten sprach ich mit dem Hausbesorger und seiner Frau. Almerindo und Talita waren hinten im weißen Palais eingezogen, als Amando die Fazenda Boa Vida aufgab und sich seinen Lastkähnen widmete. Florita, verschnupft oder eifersüchtig, behandelte die Hausbesorger, als wären sie Fremde. Sie hatten die Angewohnheit nicht abgelegt, mich wie damals, als ich ein Junge war, unterwürfig mit *doutor* anzusprechen. Almerindo führte Reparaturen am Haus aus, kalkte die Fassade nach der winterlichen Regenzeit. Talita kümmerte sich um den Garten und hielt den steinernen Kopf in der Brunnenmitte sauber. Den Kopf meiner

Mutter, den Amando nach ihrem Tod hatte anfertigen lassen. Seit meiner Kindheit war ich gewohnt, das junge Gesicht zu betrachten, die steinernen grauen Augen, die mich wie fragend anblickten. Ich kniete gerade vor dem Kopf, als ich den Duft der Essenzen aus der Parfümerie Bonplant verspürte. Florita teilte mit, die Badewanne sei voll. Nach dem Bad servierte sie mir das Mittagessen: schwarze Bohnen mit Kürbis und Igelgurke, gegrillter Fisch und geröstetes Maniokmehl, vermischt mit Schildkröteneiern.

»Dein Vater hat gegessen, bis er nicht mehr konnte. Aber er hat keine Siesta gehalten.«

»Wo ist er?«

»In der Schule der Karmelitinnen. Bei der Direktorin. Danach wollte er zum Doktor Estiliano.«

»Unser Treffen findet um fünf statt«, sagte ich, wohl wissend, dass Florita schon längst auf dem Laufenden war. »Aber ich will den Alten noch vorher sehen.«

»Pass auf, dass du das Weihnachtsfest nicht verdirbst«, warnte sie mich.

»Ist er guter Laune?«

»In Vila Bela könnte er die ganze Welt umarmen.«

Ich ging zur Uferstraße Ribanceira und wartete im Schatten der hohen, spärlich belaubten Cuiarana. Vila Bela verbarg sich vor der sengenden Sonne. Nichts rührte sich in der Nachmittagshitze. Ich kann mich noch an das Tuckern eines Bootes erinnern, die Geräusche des Flusses, der niemals schläft. Der Gärtner der Schule öffnete die Pforte, und der große, kräftige Mann trat heraus. Jackett und Hose, beide dunkel. Er trug keinen Hut. Ich dachte, dies ist der richtige Moment, um unsere Unterhaltung vorwegzunehmen. Zwischen uns beiden stand der Schatten meiner Mutter – sein Leiden seit ihrem Tod. Für Amando hatte ich eine Liebesgeschichte brutal zerstört. Ich bekam Angst vor der Auseinandersetzung und zögerte. Er ging mit schnellen Schritten, die Hände zur Faust geschlossen, als wären die Finger amputiert, den Blick in die Ferne gerichtet. Das sorgfältig frisierte Haar wirkte wie ein Helm. Mein Vater war auf dem Weg zum weißen Palais. Als ich aus dem Baumschatten trat, hob er den Kopf, blickte zur Glocke im Turm und schlug die Richtung zur Rua do Matadouro ein. Ich glaube, er hatte beschlossen, gleich zu Estiliano zu gehen. Am Ende des Platzes blieb er stehen, und seine Hände griffen sich über Kreuz an die Schultern, als umarmte er den eigenen Leib. Langsam knickten die Beine ein, er sank in die Knie. Sein Kopf glänzte, dort am Rand des Platzes. Fast fiel er aufs Gesicht, doch dann krümmte er sich und fiel auf den Rücken. Ich rief seinen Namen und lief zu ihm. Er lag da, sah mich an, das Gesicht schmerzverzerrt. Hilflos massierte ich ihm die Brust. Dann die einzige Umarmung, nach dem Tod des Vaters. Der Mann, den ich am meisten fürchtete, lag in meinen Armen. Reglos. Ich hatte nicht die Kraft, ihn allein zu tragen. Innerhalb kurzer Zeit war die Stadt erwacht, Neugierige umringten den Toten. Jemand brachte eine nutzlose Nachricht: Der einzige Arzt von Vila Bela war nach Nhamundá gefahren. Florita kam, so verzweifelt, dass sie mich schreiend beiseitestieß und weinend niederkniete. Ein paar Minuten später kam Estiliano. Die Gaffer machten ihm Platz, der große Mann beugte sich über Amando, küsste ihn auf die Wange und drückte ihm liebevoll die Augen zu.

Ich hatte mehrere Jahre keinen Fuß nach Vila Bela gesetzt, doch gleich zu Beginn der Totenwache für Amando in der Karmeliterkirche wurde mir bewusst, wie beliebt er gewesen war. Das verwirrte mich, denn die Lobreden auf den Verstorbenen widersprachen meinem Bild vom Vater zu Lebzeiten.

Ich wusste, dass er gern Almosen gab, eine Angewohnheit, die ich von ihm übernommen und lange Zeit beibehalten hatte. Und ich erinnerte mich, wie viel er für die Feste zu Ehren der heiligen Jungfrau von Karmel gespendet hatte. Nach seinem Tod erfuhr ich, dass er ein wahrer Philanthrop gewesen war. Er hatte dem Waisenhaus der Karmelitinnen Kleidung und Essen gespendet, den Bau des Bischofspalastes mitfinanziert und zur Restaurierung des Gefängnisses beigetragen. Sogar die Gehälter der Gefängniswärter bezahlte er, eine Wohltat für den Staat und die Bürger. Auf der Beerdigung sprachen mir Ulisses Tupi und Joaquim Roso, beides Lotsen, denen Amando vertraut hatte, ihr Beileid aus. Und auch ein eigenartiger Bootsführer, Denísio Cão, von der Ilha das Onças. Selbst Amando hatte nichts für ihn übrig gehabt. Denísio kniete nieder und bekreuzigte sich mit traurigem Pferdegesicht. Auch die Mädchen aus dem Waisenhaus Sagrado Coração de Jesus waren da, alle zusammen und gleich gekleidet: brauner Rock und weiße Bluse. Mädchen. Eine wirkte fast erwachsen. Wie eine Frau mit zweierlei Alter. Sie trug ein weißes Kleid und blickte in die Höhe, als wäre sie nicht anwesend, als befände sie sich nirgends. Plötzlich traf mich ihr Blick, und ihr kantiges Gesicht lächelte. Ich wusste nicht, wer sie war. Ich blickte so lange zu ihr, bis die Leiterin des Colégio do Carmo auf mich zutrat. Madre Joana Caminal kam allein, sprach mir ihr Beileid aus und sagte knapp: »Senhor Amando Cordovil war der großzügigste Mann dieser Stadt. Wir wollen für seine Seele beten.«

Dann ging sie, das junge Mädchen und die anderen Waisen hinter ihr her.

Sein Schlafzimmer im weißen Palais blieb unverändert. Nur die Hängematte im Wohnzimmer hängte ich um. Wenn Amando Siesta hielt, versperrte sein Körper den Weg zu den

Fenstern. Ich kürzte die Enden und befestigte eins davon am mittleren Fenster. So konnte ich die Rampe vor der Markthalle und den Fluss sehen, ich konnte das Leben spüren, das vom Wasser kam.

Florita reagierte mit tiefer Traurigkeit auf den Tod ihres Herrn. Sie kleidete sich in Weiß statt in Trauerschwarz und kochte weiterhin die Lieblingsgerichte meines Vaters. Aus Gewohnheit oder Gedankenlosigkeit deckte sie gelegentlich in der Tischmitte Amandos Besteck und Teller auf; ich aß allein und beachtete den leeren Platz nicht.

Am Jahresanfang reiste ich mit Estiliano nach Manaus. Er übergab mir einen Karton des Bekleidungsgeschäftes Mandarim, darin die Papiere, die Amando in der Villa aufbewahrt hatte. Als Estiliano das Testament eröffnete, erfuhr ich, dass mein Vater in dem Viertel Flores Grundstücke neben dem Irrenhaus besaß. Seinem Freund hinterließ er eine schöne Summe und ein Haus am Ufer der Lagoa da Francesa. Etwas verlegen erklärte Estiliano, das Geld sichere ihm im Alter seinen Wein. Und das Haus ein Dach über dem Kopf in Vila Bela.

Dass Amando seinem lieben Stelios gegenüber so großzügig war, irritierte mich nicht. Ich bat den Anwalt, mich in der Firma zu vertreten; dann bat ich um Geld für meinen Lebensunterhalt und nannte einen Betrag, den ich jeden Monat entnehmen wollte. Estiliano sprach von einem Bankkredit, um die Holtz-Werft zu bezahlen – wie konnte ich so viel Geld verlangen? Das würde er nicht zulassen.

»Nimm dir einen anderen Anwalt«, sagte er entschieden. »Es gibt genug in Manaus.«

»Aber nur einen Stelios«, sagte ich.

Schließlich einigten wir uns auf einen Betrag. Und er selbst schlug vor, das Geld mit der Kurierpost des Lloyd Brasileiro

zu schicken. Als ich noch einmal sagte, er solle die Firma lei-
ten, lehnte er ab: In ein paar Jahren werde er nach Vila Bela ziehen. Ich sei der Erbe, ich müsse die Leitung übernehmen ...

»Ich habe weder Erfahrung noch Lust dazu«, fiel ich ihm
ins Wort.

»Amando vertraute seinem Geschäftsführer. Du kannst
in Vila Bela wohnen und ab und zu nach Manaus fahren. Und
dich um die Fazenda Boa Vida kümmern.«

Ich bin hierher gezogen, hielt es aber keine zwei Monate
aus, ohne nach Manaus zu fahren. Dort ging ich ins Büro, sah
den Stapel Papiere auf dem Schreibtisch durch und wurde
nervös wegen all der Probleme: Maschinenteile, Kündigun-
gen oder Neueinstellungen von Personal, verschwundene
Ladungen, Zollabgaben, Steuern. Der Geschäftsführer reagierte auf meine Fragen wortkarg oder mit herablassendem
Schweigen. Ich war vorzeitig zum Chef geworden, und das
war für ihn überraschend gekommen. Wenn er mich zu einer
Entscheidung drängte, bat ich Estiliano um Hilfe. Der Anwalt setzte sich auf den Stuhl meines Vaters, las die Papiere
durch, die ich unterschreiben sollte, diskutierte über den
Frachtpreis. Bellend wie ein heiserer Hund jammerte er:
»Wenn doch Amando noch hier wäre ...« Bisweilen kritisier-
te er mich, weil ich mit dem Geschäftsführer zu schroff um-
ging. Ich konnte nicht erraten, was er dachte, war auch nicht
so gelassen wie Estiliano, den kalten Blick zu ertragen, mit
dem er das Porträt meines Vaters an der Bürowand ansah.
Warum blickte er so viel zum toten Chef? In Vila Bela dachte
ich nur dann an die Firma und den Geschäftsführer, wenn ich
ein paar Hundert Meter vom weißen Palais entfernt die *Eldorado* sah, und dabei überlegte ich, dass mein Leben von diesem Frachter abhing, der auf dem Amazonas fuhr. An dem
Tag, an dem mein Blick erneut dem Mädchen von Amandos

Beerdigung begegnete, vergaß ich das Schiff. Die Frau mit zweierlei Alter. Dinaura. An ihr Gesicht konnte ich mich nicht mehr genau erinnern, wohl aber an ihre Augen, ihren Blick. Etwas wieder sehen, was das Gedächtnis gelöscht hat, wie schön ist das! Alles war wieder da: ihr Lächeln, der lebhafte Blick im kantigen Gesicht, Augen, die stärker mandelförmig waren als meine. Eine Indianerin? Ich habe nach ihrer Herkunft gefragt, ohne Erfolg. Gefunden habe ich etwas anderes, etwas, bei dem es nur auf einen Zufall, einen einzigen Augenblick im Leben ankommt. Und ich habe erkannt, dass es zu spät war, gegen das Schicksal anzugehen.

Als Estiliano mich von Dinaura sprechen hörte, sagte er verächtlich: »Na wunderbar, ein Cordovil verguckt sich in eine Frau aus dem Busch.« Und Florita sagte, ohne die Waise zu kennen, ihr Blick sei reine Zauberei, wahrscheinlich sei sie auch so eine Verrückte, die davon träume, tief unten im Fluss zu leben.

Dinauras Blick lockte mich am meisten. Ein Blick genügte doch oft, um die Begierde auszulösen, die dann immer stärker wird und in den Leib des geliebten Menschen eindringen will. Ich wollte mit Dinaura zusammenleben, aber ich schob die Entscheidung so lange vor mir her, wie meine Eitelkeit es erlaubte. Ob mein Leben weniger trist war als ihres, weiß ich nicht. Auf jeden Fall war es sinnloser. Leer. Seit ich hierher gezogen bin, habe ich sehnsüchtig auf die Schiffe aus Europa gewartet, die den Amazonas herauffuhren; legte eins in Vila Bela an, überreichte mir ein Mann von der Hafenverwaltung die Bordmenükarte und informierte mich über die Passagiere. Der Mann hieß Arneu, er war so klatschsüchtig und liebedienerisch, dass es einem leidtun konnte. Wenn er sagte, er habe hübsche Mädchen an Deck gesehen, ging ich im Schiffssalon zu Abend essen und tanzen.

Hin und wieder fuhr ich mit nach Manaus und amüsierte mich auf Tanzfesten im Ideal und im Luso, ging zu den Matineevorstellungen in die Kinos Alcazar, Rio Branco oder Polytheama und im Teatro Amazonas in die Oper. Danach sah ich im Chalet-Jardim vorbei und hörte mir die italienischen Sängerinnen an. Eines Nachmittags, als ich im High Life bei einem Bier saß, sah ich draußen einen der Burschen aus der Pension. Juvêncio. Und der Teufel wollte, dass er mich auch erkannte und ins Lokal kam. »Der Herr Doktor aus der Pension Saturno«, sagte er und streckte mir die flache Hand entgegen.

Ich wollte seine Hand ergreifen, doch Juvêncio wollte keine freundliche Berührung und keine Höflichkeit, sondern Geld. Ich gab ihm Geld, er zeigte lachend seinen zahnlosen Gaumen und ging gleich wieder hinaus. Jahre später sah ich Juvêncio in einem Tumult in der Nähe desselben Lokals. Er war inzwischen ein erwachsener Mann, und das High Life hatte Pleite gemacht.

Wenn ich nach Vila Bela zurückkam, las ich die ganze Nacht Opernlibretti, die neueste Nummer des *Pathé-Journal* und alte Zeitungen. Bevor der Tag graute, wurde ich melancholisch. Dann lief ich durch die ungepflasterten Straßen dieser ungepflegten Stadt, ging bis zur Estrada dos Pescadores, sah die Umrisse von Köpfen in den Fenstern, alte Menschen, die in der dunklen Nacht nicht schlafen konnten; ob sie lachten oder mir zuwinkten, weiß ich nicht. Beim Wald sah ich die traurigen Hütten der Indianersiedlung, hörte Gemurmel und Wörter in indianischer Sprache, und wenn ich am Fluss entlang zurücklief, sah ich Fischerboote, die an der Rampe zur Markthalle festgemacht hatten, mit Früchten beladene Kähne, einen Dampfer, der den Amazonas flussabwärts nach Belém fuhr. Ich frühstückte in der Markthalle, anschließend trieb ich mich auf der Praça Sagrado Coração de Jesus herum, kletterte auf den Baum an der Ribanceira und dachte an Dinaura, bis die Sonne in den Schlafsaal des Waisenheims schien. Wenn eine Karmelitin mich auf einem Ast des Baumes sitzen sah, fragte ich nach Dinaura. Die Nonne antwortete nicht, machte ein Gott-steh-mir-bei-Gesicht, ich sprach weiter: »Sie wird aus dem Waisenhaus weglaufen, mit mir leben.« Und dann lachte ich, dass die Nonne es mit der Angst bekam, ein Lachen, das obszön klang, aber nichts als schieres Verlangen war.

Vielleicht war es Unvernunft, eine bloße Laune war es nicht. Ich lebte zwischen diesem Idyll und den Reisen nach Manaus. Das Idyll siegte. Und das mondäne Leben endete mitsamt der Euphorie einer ganzen Epoche. Wie sehr sich alles binnen kurzer Zeit ändern kann. Ein paar Jahre vor dem Tod meines Vaters sprachen die Menschen nur von Wachstum. Manaus, der Kautschukexport, der Arbeitsmarkt, der Handel, der Tourismus, alles wuchs. Sogar die Prostitution. Nur Estiliano traute dem Frieden nicht. Und er hatte recht. In den Kneipen und Restaurants sprach man aufgeregt über die Nachrichten aus den Zeitungen aus Belém und Manaus: Wenn wir keine Kautschukbaumplantagen anlegen, gehen wir unter … So viele Politiker bereichern sich, und dann erhöhen sie noch die Steuern.

Zu Hause hörte ich nicht weniger bittere Worte. Eines Tages kam Florita in mein Zimmer, um die schmutzige Wäsche zu holen, und sagte:

»Ich haben einen bösen Traum gehabt. Etwas mit deiner verzauberten Frau.«

Ich sah Florita argwöhnisch an und erwartete, dass sie mehr über den Traum sagte, doch sie verließ wortlos den Raum. Träume und der Zufall führten mich auf einen Weg, auf dem immer auch Dinaura auftauchte. Ich weiß noch, dass ich am Flussufer eine Frau sah, die ihr ähnelte. Sehr früh an einem Morgen ohne Sonne, bei dichtem Nebel. Die Frau ging am Ufer entlang, bis sie im Nebel verschwand. Vielleicht war es Dinaura. Oder mein Auge hatte es sich eingebildet. Mir fiel die Tapuia ein, die sich auf den Weg zu einer verzauberten Stadt gemacht hatte, ich lief ans Flussufer. Niemand da.

An einem Sonntagnachmittag ging Dinaura am weißen Palais vorbei und lächelte mir mit lüsternen Lippen zu. Sie begleitete ein paar Mädchen aus dem Waisenhaus zur Indianersiedlung, wo heute das Viertel Cegos do Paraíso liegt. Ich ging hinterher. Während die Mädchen spielten, las Dinaura im Schatten eines Mangobaums in einem Buch. Sie trug ein geblümtes Musselinkleid und unterbrach ihre Lektüre nur, um auf den Fluss zu blicken. Am späten Nachmittag gingen sie und die Mädchen über die Stufen der Escada dos Pescadores die Böschung hinunter. Ich lief auf die andere Seite der ungepflasterten Straße und setzte mich dorthin, wo Dinaura gesessen hatte. Dinaura hatte das Buch im Sand liegen lassen und war allein ins Wasser gegangen. Sie schwamm und tauchte so lange unter, dass ich Atemnot bekam. Als sie nackt aus dem Wasser kam, das Kleid um den Hals gewickelt, zitterte ich vor Verlangen am ganzen Körper. Ich bin sicher, dass sie mich sah, denn die Mädchen wiesen auf mich, kicherten und kniffen Dinaura ins Gesäß und in die Schenkel. Aus der Ferne beleckte ich ihren Körper im Spätnachmittagslicht. Die Stufen der Escada dos Pescadores kamen mir gar nicht in den Sinn: Ich lief die Böschung hinunter, aber als ich den Fluss erreichte, war Dinaura schon angezogen und führte die Mädchen an. Ich folgte dem nassen Kleid bis zur Rampe an der Ribanceira, kürzte den Weg über eine Lehmstufentreppe ab und blieb oben vor Dinaura stehen. Sagte, ich wolle mit ihr sprechen. Ich sah den erstaunten Blick in ihrem unirdischen Gesicht, das Lächeln auf ihren großen nassen Lippen; ich berührte sie noch an der Schulter, dann sah ich sie zur Praça do Sagrado Coração laufen.

Im Hafen von Vila Bela verbreitete jemand, die Waise sei eine Anakonda, die mich verschlingen und dann in eine Stadt auf dem Grund des Amazonas verschleppen werde. Und dass ich den Zauber brechen müsse, bevor ich in eine Teufelskreatur verwandelt würde. Da Dinaura mit niemandem sprach, kamen Gerüchte auf, schweigsame Menschen seien von Jurupari, dem Gott des Bösen, verhext.

An einem Samstag luden mich Joaquim Roso und Ulisses Tupi zum Dominospiel in Salomito Benchayas Pension ein. Denísio Cão, der eigenartige Bootsführer, mischte sich ins Spiel ein und verlor eine Partie. Ein glückloser Mann, alle Partien verlor er. Das ärgerte ihn, verlieren ertrug er nicht. Und dann sagte er unvermittelt:

»Ob die Nonnenchefin, diese Spanierin, tatsächlich Jungfrau ist, wie eine Heilige? Das würde mich mal interessieren.«

Die Spieler sahen den Bootsführer ernst an; Joaquim Roso warf die Dominosteine um und ging. Salomito legte die Steine in die Schachtel – sie sollten in der Kneipe der Markthalle weiterspielen.

Denísio spuckte seitwärts aus, wandte sein Gesicht mir zu, lachte: »Heute Morgen habe ich nämlich einen Alten und zwei Kühe zum Rio Arari gebracht. Die spanische Nonne war da. Und deine Waise auch. Die beiden pflanzten Pfeffer in Kanus voller Erde. Ich wollte helfen, aber die ruppige Spanierin hat es nicht erlaubt. Das würde mich mal interessieren …«

Ulisses Tupi fuhr mich dahin. Es war eine Siedlung hinter der Mündung des Espírito Santo. Am Ufer des Arari band

Ulisses das Tau seines Bootes um einen Baumstamm. Alte Kanus in einer Reihe, auf in den Sand gebohrten Gabelstützen. In den Eingängen der strohgedeckten Hütten kein Mensch.

»Wo ist die Frau, die Nonne?«

»Geduld«, sagte Ulisses und wies auf einen großen Vogel. Es war ein Hoatzin an dem vom grellen Licht weißen Himmel.

Ich blickte seinem schweren Flug bis zum sumpfigen Wald nach. Dann hörte ich Ulisses den Namen eines Vogels nennen und seinen Ruf imitieren. Ich legte mich in den Bug und schloss die Augen, halb benommen vom Schaukeln eines vorbeifahrenden Bootes. Im Traum erschien mir Dinaura in dem geblümten Baumwollkleid. Die Zauberaugen ein wenig geweitet und dunkel, wie aus der Nacht geschnitten. Allmählich kannte ich Dinauras Gesicht, und ich empfand, was ich bei meinen Jugendliebeleien nie empfunden hatte. Ich packte sie an den Armen, und als ich ihren Körper an mich zog, sah ich die Nonne Caminal vor mir und hörte ein Brummen.

Das Motorgeräusch des Bootes hatte mich geweckt. Ich dachte an den Traum und geriet ins Schwitzen. Ich richtete mich auf und warf einen Blick auf den Flussstrand: die Kanus aufgebockt, die Hütten geschlossen, kein Mensch weit und breit.

»Ich glaube, das war nur dummes Geschwätz von diesem Denísio Cão«, sagte Ulisses.

Florita, der zu Ohren kam, was in Vila Bela geredet wurde, sagte zu mir, ich sei für die Karmelitinnen der Teufel: einer, der junge Mädchen ausnutze, ein Junggeselle ohne jede Spur des Anstands meines Vaters. Sie sähen mich am Anleger der Markhalle mit Nutten aus Manaus von Bord kommen und mit ihnen völlig schamlos am Strand von Ponta da Piroca schwimmen gehen.

Ich habe nie eine Frau nach Vila Bela mitgebracht. Aber ist eine ständig wiederholte Lüge nicht eine Halbwahrheit? Ich bat Estiliano mir zu helfen, Madre Caminal davon zu überzeugen, dass ich nicht so ein Teufel war, wie die Leute sagten.

»Die Direktorin ist dafür verantwortlich, über die Moral der Waisenmädchen zu wachen.«

»Und was ist mit meinen Gefühlen?«

»Sei nicht zynisch, Arminto.«

Ich bedrängte ihn mit gespielter Förmlichkeit. Sagte, er sei ein Anwalt, wenn er spreche, verschließe niemand die Ohren.

Ich sah, wie sein Gesicht vor Stolz strahlte. Doch gleich darauf legte sich die Stirn in Falten, sein durchdringender Blick sah mich an, als läsen seine Augen die Seiten einer Tragödie. Er legte mir die Hände auf die Schultern: er mache sich große Sorgen.

Ich weiß nicht, ob er die Firma meinte oder die Waise.

Tatsache ist, dass Dinaura meine Gedanken beherrschte. Ich zog mir ein weißes Leinenjackett an, ging zur Ribanceira und starrte auf die Fenster des Waisenhauses. Ja, auf eben dieses Gebäude. Irgendwelche Idioten lachten mich aus. »Der ist plemplem«, sagten sie. »Die Waise hat ihn um den Verstand gebracht.« Aber wenn Dinaura durch die Stadt ging, liefen die Männer hinter ihr her. Doch keiner sprach sie an. Warum nicht? Aus Angst. Etwas in ihrem Blick schreckte mehr ab als jedes Wort oder jede Handbewegung. Ganze Kerle fühlten sich ihr aus Angst unterlegen. Sie trafen sich in der Taberna dos Viajantes der Familie Adel, in der Parfümerie Horadour Bonplant oder in der Kneipe der Markthalle und erzählten einander, ganz ungeniert lügend, von ihren amourösen Eroberungen. Und an dem Nachmittag, als Dinaura sich mit mir auf der Praça do Sagrado Coração traf, haben sie es alle gesehen. Es geschah nach mehrmaligen Versuchen. Sie stahl sich immer wortlos davon. Ob es wirklich so war, weiß ich nicht – ihr Schweigen vermittelte diesen Eindruck. Ich weiß noch, dass ich Dinaura eine ganze Weile nicht dort sah, wohin sie sonst allein oder mit anderen Waisenmädchen gegangen war. Florita ging zum Waisenhaus, um nachzufragen, und kehrte mit einem gequälten, halb boshaften Lachen zurück. Nur meinem Vater sei es gelungen, mit Madre Caminal zu sprechen, nur er sei von der Spanierin empfangen worden. Die beiden hätten sich verstanden.

»Vergiss das Mädchen. Vergiss sie, bevor die Stunde der Trauer schlägt.«

»Die Stunde der Trauer?«, fragte ich.

»Sie wird nicht deine Frau. Eine, die keinem gehört, wird nie geliebt werden.«

Florita war auf eine merkwürdige Art eifersüchtig; und weil ich mich von dem, was sie sagte, beeindrucken ließ, verschlugen mir die Worte dieser Frau, die wie eine Mutter für mich gesorgt hatte, die Sprache. Ich dachte an Estiliano, an Amandos enge Beziehung zu der Direktorin des Colégio do Carmo. Als der Anwalt im Juli nach Vila Bela kam, fuhr ich am Nachmittag zur Lagoa da Francesa und brachte ihm ein paar Flaschen Wein mit. Wir setzten uns auf die Veranda, und während wir schweigend gemeinsam tranken, merkte ich, dass er mich mit seinem Blick tadelte. Seit geraumer Zeit war ich nicht mehr in Manaus gewesen, und ich wusste, dass der Kautschukexport unter dem Krieg in Europa litt. Unter dem Krieg und den in Asien angepflanzten Kautschukbäumen. Es war, als wollte sein Blick mir dies sagen, der korpulente Mann trank schweigend, und ich erriet seine Gedanken, hörte im Geiste die heisere Stimme: »Es ist ein Unding, dass du dich nicht um die Firma kümmerst, die du von deinem Vater geerbt hast ...« Schweigend umkreisten wir Dinauras Namen, blickten beide auf ein Kanu auf dem dunklen Wasser, eben und glatt wie ein Kupferblech. Ich trank noch ein Glas und fasste Mut.

»Weißt du, warum ich gekommen bin? Wegen des Mädchens aus dem Urwald. Es ist keine Laune, Estiliano. Madre Caminal kontrolliert, was die Mädchen tun.«

Er trank weiter, den Blick auf das Kanu gerichtet, das still auf dem dunklen Wasser lag.

»Willst du nicht dem Sohn deines besten Freundes ein bisschen helfen?«

Er sah mich an, wie ein alter Mann einen jungen ansieht: Der Blick kann nachsichtig sein oder von oben herab. Keine Spur von Schmerz oder Mitgefühl. Er ergriff sein Weinglas, stand auf und ging ins Wohnzimmer. Ich wartete ein paar Minuten, eine Stunde, endlos lange, bis der Himmel sich rot färbte. Ich blickte ins Wohnzimmer: Er saß vor einem aufgeschlagenen Buch, den Kopf über ein Blatt Papier gebeugt. Er schrieb aus dem Buch ab. Der korpulente Leib füllte den Raum, der Mann hörte nicht auf zu schreiben. Als er fertig war, pustete er auf das Blatt, damit die Tinte trocknete, trank Wein und las alles schweigend noch einmal durch. Er atmete schwer wie ein nach der Jagd erschöpftes Tier. Dann kam er zurück auf die Veranda, reichte mir zwei Blätter und sagte in missmutigem Ton: »Schick das hier der Direktorin und schreib ihr ein Billett dazu, dass diese Zeilen deine Gefühle ausdrücken.«

Er ging ins Wohnzimmer zurück und ließ mich auf der Veranda allein. Ich las die Verse gleich dort im Dämmerlicht. Ein mysteriöses Gedicht, aus einem spanischen Buch abgeschrieben.

Florita brachte das Gedicht und mein Billett zum Colégio do Carmo. Was kann ein Gedicht bewirken? Für mich mehr als ein Wunder. Madre Caminal bestellte mich zu einem Gespräch ins Büro der Schulleitung. Die schlichte Einrichtung beeindruckte mich. Der Raum wirkte wie ein armes, improvisiertes Museum. Auf dem Fußboden Keramik, rituelle Masken und Scherben von Begräbnisurnen von Indianerstämmen, die es schon nicht mehr gab. Der Name des ersten Karmeliters, der hier gepredigt hatte, war zwischen Ölgemälden mit den Porträts der heiligen Theresa und des heiligen Johannes vom Kreuz in die Wand eingraviert.

Madre Caminal bot mir einen Stuhl an, nahm die beiden Blätter in die Hand und las das spanische Gedicht mit kräftiger Betonung. Ich beneidete die Frau um ihre Stimme. Die Bilder und das Gefühl wurden durch den Klang der Wörter noch intensiver. Sie las das ganze Gedicht, dann sagte sie, den Blick auf das Papier gerichtet:

»Die Schrift vom Anwalt Estiliano. Dein Vater hatte diesen Griechen sehr gern, noch mehr hätte er ihn gemocht, wenn er kein Agnostiker wäre.«

»Er ist kein Grieche, er ist in Amazonien geboren und hat in Recife studiert.«

»Er ist hier geboren, hat aber nie in unserer Kirche gebetet.«

Dann sprach sie über die Waise, ein fleißiges und intelligentes Mädchen. »Sie hätte Karmelitin werden können, eine Magd des Herrn. Sie hatte es sogar gewollt, dann aber Abstand genommen. Wie diese Mädchen denken, ist nicht immer einfach zu verstehen. Heute wollen sie das eine, am nächsten Tag haben sie schon alles vergessen. Sie beten mit Inbrunst, glauben aber an nichts. Doch Gott wählt in unserem Leben den besten Weg.«

»Woher stammt sie?«

»Von irgendwo.«

»Aber nicht von dieser Insel.«

Madre Caminal gab mir die Blätter zurück:

»Du solltest dieses Gedicht immer wieder lesen, bis du alt wirst. Wenn meine Waise will, trifft sie sich mit dir um fünf Uhr auf dem Platz. Aber nur samstags. Halte dich vom Schlafsaal des Waisenhauses fern und betritt dieses Haus nie wieder. Du brauchst unserem Orden nichts zu spenden. Dein Vater hat viel gespendet.«

In dieser Woche nahm meine Geschichte mit Dinaura ihren Anfang. Sie wollte mich. Jetzt bin ich ein Wrack, aber ich war ein stattlicher junger Mann. Und ich war noch vermögend. Das zählt doch, oder? Zumindest glaubte ich das. Doch mein Vermögen genügte nicht. Das heißt, es half nicht viel. Wir trafen uns samstags, andere Nachmittage wurden unserer Liebe nicht gegönnt. Die Vorschriften im Waisenhaus waren streng. Der Glockenschlag weckte die Mädchen um fünf Uhr morgens. Sie beteten um sechs, mittags um zwölf und abends vor dem Schlafengehen. Nach dem Gebet hörte die Nachbarschaft eine Nonne rufen: Gelobt sei unser Herr Jesus Christus. Die Waisenmädchen antworteten im Chor: Für allezeit. Sie aßen schweigend im Refektorium des Internats; wenn ein Mädchen zur Toilette gehen wollte, klopfte sie auf den Tisch. Um acht Uhr abends wurde die Nachtruhe eingeläutet, und die Schwester Aufseherin inspizierte den Schlafsaal. Ich dachte, die Waisen beteten, nähten und lernten nur, doch sie machten noch viel mehr: Vormittags arbeiteten sie im Garten, säuberten mit dem Staubwedel den Altar und die Heiligenstatuen und halfen beim Putzen des Schlafsaals und der Unterrichtsräume. Am frühen Abend gingen sie nach dem Unterricht in die Kapelle und sprachen mit den Karmelitinnen Dankgebete. Ich erfuhr auch, dass sie einmal in der Woche in Klausur gingen. Jedes Mädchen befand sich allein in einem dunklen Raum und betete vor dem vom Schein einer Kerzenflamme erleuchteten Herz Jesu einen ganzen Rosenkranz. Es war eine schweigsame Liebe. Mitunter hörte ich Dinauras Stimme im Traum. Eine sanfte, singende Stimme, die von einer besseren Welt auf dem Grund des Flusses sprach. Unvermittelt verstummte sie erschrocken, warum, verriet der Traum nicht.

An einem Samstag überraschte sie mich mit einem Lächeln und in der Woche darauf mit schrecklicher Traurigkeit, als müsste sie sterben. Traurig war sie schöner, das Gesicht reglos, die Lippen unbewegt. Sie war die Älteste im Waisenhaus und die Einzige, die einen Freund haben durfte. Anfangs war es so: Wir saßen auf dem Platz auf der Bank, Hand in Hand, wie ein Liebespaar zur damaligen Zeit und in dieser Stadt. Sie hat nie verraten, wann sie ins Waisenhaus gekommen war. Und ich gewöhnte mich an ihr Schweigen, an die Stimme, die ich nur im Traum hörte.

Florita sagte, mehrere Waisenmädchen sprächen die *língua geral*; sie lernten Portugiesisch, und es war ihnen verboten, sich in einer Indianersprache zu unterhalten. Sie stammten aus Dörfern und Siedlungen an den Flüssen Andirá und Mamuru, dem Flussarm Ramos und aus anderen Orten des mittleren Amazonas. Zwei Mädchen aus Nhamundá waren von fliegenden Händlern entführt und an Kaufleute aus Manaus und hohe Tiere in der Regierung verkauft worden. Auf Anweisung eines Richters, eines Freundes der Direktorin, waren sie ins Waisenhaus gekommen. Madre Joana Caminal galt in Vila Bela als Gottes Richterin, weil sie verbot, Kinder und Frauen gegen Waren zu tauschen, und Männer anprangerte, die ihre Frauen und die Hausmädchen prügelten. Doch an keinem Samstag erschien sie auf dem Platz, um uns zu beaufsichtigen.

Wenn die Glocke um sechs Uhr nachmittags läutete, kniete sich Dinaura mit geschlossenen Augen, die Hände auf der Brust, zur Kirche hin. Einmal setzte sie sich nach dem Gebet mutwillig mir auf den Schoß, doch als ich sie umarmen wollte, sprang sie auf und lief weg. Ich wurde steif und hart wie ein Stock. An anderen Samstagen sahen die Leute, die an der Praça do Sagrado Coração vorbeikamen, wie Dinaura in meinem Schoß versank. Die besonders bigotten Frauen ließen über Florita ausrichten: Mein Vater habe recht gehabt, ich sei einer, der Indianerinnen und arme Mädchen ausnutze. Zum Teufel damit. Ich sehnte den nächsten Samstag herbei und unterwarf mich dem Blick eines schweigenden Gesichts.

Eines Tages im Juli übergab ein Bettler von dem Platz Florita einen Briefumschlag. Es war eine Nachricht von Dinaura: *Das Fest der Schutzheiligen. Gehen wir dahin?* Das Fest findet immer am Abend des 16. Juli statt und begeistert noch heute die Stadt. Pilger kamen aus dem Hinterland des Amazonas und aus dem Bundesstaat Pará. Ich weiß noch, dass mein Vater viele Gläubige aus Manaus mitbrachte. Sie aßen und schliefen auf dem Boot; am Abend beteten sie zur heiligen Jungfrau, sie möge Amando beschützen. Ich hörte ihre Gebete und sah die Gläubigen mit einer brennenden Kerze in der Hand an Deck. Es sah aus, als stünde das Boot in Flammen, wie das Fabelwesen Große Wasserschlange, hell beleuchtet am Ufer des Amazonas. Im Juli wurde der Mann wirklich verschwenderisch. Er bezahlte die Dekoration für den Platz, den neuen Anstrich der Karmeliterkirche, der Klöster und Pfarreien, die neuen Kleider für die Leprakranken, den Umhang und die Kordel für die Gläubigen, die zur Jungfrau beteten. Nach der Messe spendierte er den Leuten ein Schildkrötenragout.

Ich war noch ein Junge, als Amando mich zweimal zu

dem Fest mitschleppte. Beim zweiten Mal riss ich aus. Er und der Hausbesorger Almerindo suchten überall in der Stadt nach mir und fanden mich erst am frühen Morgen in Floritas Zimmer, wo ich mit ihr in der Hängematte lag. Als er hereinkam, machte ich die Augen zu. Florita stand auf und öffnete das Fenster, um Amandos Wut zu kühlen. Sie sagte, mir sei schlecht gewesen und ich hätte eine Darmverstimmung.

»Komm da raus«, befahl er mir.

Ich gehorchte, ohne die Augen zu öffnen. Die erste Ohrfeige brachte mein Gesicht zum Glühen und warf mich zurück in die Hängematte; er bückte sich und schlug mir mit der offenen Hand aufs Ohr. Der Schlag sirrte in meinem Kopf wie ein eingesperrtes Insekt. Mich wehren, ausgeschlossen: Mein Vater war ein massiger Cordovil, mit dicken Fingern an großen Händen. Da beichtete Florita, sie habe gelogen. Amando drohte, sie aus dem Haus zu jagen, und zwang mich, einen Monat lang bei den Hausbesorgern zu leben, ihr Essen zu essen, das Grundstück sauber zu halten. In der ersten Nacht schlief ich im Keller; das heißt, ich konnte vor Hitze nicht schlafen. In den folgenden Nächten lag ich in einer Hängematte im Freien. Im Jahr darauf zwang Amando mich, wieder am Fest zu Ehren der heiligen Jungfrau teilzunehmen.

Daran musste ich denken, als ich Dinauras Einladung las. Inzwischen war ich erwachsen, und Amando Cordovil war tot.

Am Nachmittag des 16. Juli kamen die Waisenmädchen und Internatsschülerinnen im Gänsemarsch auf die Praça do Sagrado Coração de Jesus. Keine trug Schuluniform. Ich sah die Töchter aus reichen Familien, separat die Waisenmädchen und außerdem eine Gruppe Tapuia-Mädchen, die sich wegen ihrer Armut schüchtern zusammendrängten. Alle liebten das Fest zu Ehren der Schutzheiligen, weil sie an diesem Tag mehr Freiheit genossen als im ganzen Jahr. Sie konnten die Zähne ins Essen und in Süßes schlagen; sie konnten bis zehn Uhr abends tanzen und singen. Die besonders Mutigen verdrückten sich ans Flussufer und ließen sich mit den Burschen aus Manaus und Santarém ein. Angeblich wurden an dem Abend, an dem alle zur heiligen Jungfrau beteten, drei oder vier Waisenmädchen geschwängert, aber ich wollte nicht wissen, ob dies der Wahrheit entsprach. Ich wollte einzig Dinaura sehen. Ich lauschte dem Chorgesang der Internatsschülerinnen; dann spielte das Trio Tavares Melodien mit Cavaquinho, Geige und Nhapé, einer indianischen Rassel. Als es dunkel wurde, forderte der Bischof die Leute auf, den Beichten von sieben Waisenmädchen still zu lauschen.

Die erste erzählte, in einer Regennacht habe die Große Wasserschlange sie besessen, und sie sei so erregt gewesen, dass die ganze Insel gezittert und deshalb der Amazonas ihr Haus überschwemmt habe. Dann kniete sie nieder und betete, diese profane Geschichte möge aus ihrem Gedächtnis gelöscht werden. An die übrigen Beichten kann ich mich nicht mehr erinnern, nur noch an die letzte. Die Lampions beleuchteten bereits den Platz, und als das Mädchen zu sprechen aufhörte, war mein Körper von einem Schwitzbad aufgeweicht. Die Beichtende hieß Maniva. Sie war klein und dünn, angeblich von sehr weit her gekommen, um im Haus eines Stadtverordneten zu arbeiten, aber dann im Waisenhaus gelandet. Sie hatte die Schule der Missionsstation am Oberen Rio Negro besucht, deshalb sprach sie Portugiesisch. Bevor sie ins Waisenhaus von Vila Bela kam, hatte sie ständig von Blut geträumt. »Mein Blut war ein Albtraum«, sagte die Büßerin. Sie war zwölf und schon verwaist, als sie erlebte, dass ihre Vagina blutete, und sie erschrak. Die erste Blutung. Es hämmerte in ihrem Kopf, und sie schrie so sehr vor Schmerzen, dass ihr

Onkel die Ärmste zu einem Medizinmann brachte, damit dieser sie heilte. Maniva durfte das Haus nicht betreten, denn das Menstruationsblut war für die Medizinmänner schädlich. Heiliges Blut. Verbotenes. Es wurde von den Naturgeistern geschickt: von den Donnern, den Wassern, den Fischen und auch dem Geist der Toten. Dann erzählte der Medizinmann, der Schöpfer der Welt habe den Schnupftabak aus zerstoßenen *paricá*-Blättern seiner schlafenden Nichte aus der menstruierenden Vagina geschnupft. Ein Teil des Pulvers sei auf das Land der Völker Amazoniens gefallen und habe sich über den gesamten Urwald verteilt, doch nur die Medizinmänner könnten das Lianenpulver schnupfen und die Welt sehen, nur sie besäßen die Fähigkeit, ihren Blick zu erweitern und dann die Lebewesen zu erschaffen, zu verändern und zu heilen. Das Mädchen verstand dies: Wenn der Medizinmann das Blut, das Pulver, aufsaugt, stirbt er; das heißt, seine Seele verlässt den Körper und begibt sich auf die Reise in die andere, die ältere Welt, wo alles seinen Anfang hat. Er breitet die Arme zu den Wolken hin auf, umfängt den Himmel und singt; er setzt sich und schnupft mehrmals das *paricá* mit dem Beinknochen eines Greifs, und dann holt er die andere Welt in unsere. Als der Medizinmann zu den ziehenden Wolken schaute, sagte er, er befinde sich in der heiligen, ewigen Welt und deshalb könne er in der Welt der Menschen agieren. »Er sah, was ich nicht sehen, was keiner von uns sehen kann«, sagte Maniva. Er konnte seine eigenen Knochen sehen, konnte die Seele auf ihrer Reise in die weite Ferne sehen, bis sie die Mündung des Flusses erreichte, der am Ende der Welt fließt. Dann stieg er weiter eine Leiter hinauf, auf dem Weg zu dem anderen Himmel. Der älteste Medizinmann wohnt dort oben, auf der letzten Leiter. Ein vollkommen silbrigweißer Himmel. Eine neue Welt. Ein Himmel ohne Krankheiten.

Als der Medizinmann zu sprechen aufhörte, hämmerte es nicht mehr in Manivas Kopf. Sie hat nie wieder Schmerzen gehabt. Doch die Albträume mit Blut quälten sie weiter. Und als ihr Onkel starb, reiste sie nach Manaus; später kam sie mit einem fliegenden Händler nach Vila Bela. Ständige Reisen und Träume von Blut, bis sie Madre Caminal begegnete und mit ihr beten konnte, dass der Albtraum ausgelöscht werde. Sie wollte die Worte des Medizinmanns nicht mehr in Erinnerung behalten. Sie bekreuzigte sich, kniete nieder und weinte so heftig, dass ihr ganzer Körper bebte; dann streckte sie die Arme gen Himmel und rief den Namen Gottes und der heiligen Jungfrau von Karmel. Die Pilger und die Waisenmädchen klatschen tosend Beifall, während ich über die Büßerin und die Albträume vom Blut nachdachte. Maniva, die Pilger, die Waisenmädchen, die Nonnen, wurden eigentlich alle verrückt? Es war wie eine Sinnestäuschung, denn inmitten der Hochrufe auf die heilige Jungfrau verspürte ich einen Lavendelduft, einen Hauch im Nacken, und als ich mich umdrehte, berührten Dinauras Lippen meine Wange. Sie war von mir unbemerkt gekommen und liebkoste mich mit ihren warmen Händen, so dass es mich fieberte. Ich fühlte Dinauras Körper und begann zu schwitzen, und sie wich erst zurück, als drei Trommler und eine Tänzerin die Bühne des Musikpavillons betraten. Es waren Musiker aus der ehemaligen Sklavensiedlung Quilombo Silêncio do Matá. Die Überraschung des Abends. Der eine zündete eine Fackel an und spannte mit der Hitze des Feuers die Schlangenhaut auf den Trommeln. Die Tänzerin verkündete laut, sie wollten etwas zu Ehren der heiligen Jungfrau aufführen. Dann begann sie zu tanzen, ganz allein, mitten auf der Bühne. Die Musiker blieben still. Er war schön anzusehen, dieser schweigende Tanz. Ein paar Minuten lang. Und dann, auf einmal, der Klang der Trommeln, laut wie Donnerschläge. Dinaura presste meinen Arm mit ihrer schweißfeuchten Hand; ihre Schenkel zitterten, ihre Füße traten den Boden. Plötzlich ließ sie mich los, lief zum Pavillon und begann zu tanzen. Rufe ertönten, und es waren keine frommen Rufe. Sie ahmte die Bewegungen und den Rhythmus der anderen nach, ihre Schultern entblößten sich, sie blickte nicht zu mir, sondern zum Himmel. Ich glaube, sie sah gar nichts, keinen Menschen. Blind für die Welt, vom Tanz besessen. Sie tanzten zusammen, als hätten sie es geprobt. Zum Schluss umarmten sie sich, und Dinaura verließ den Pavillon auf der Rückseite. Verschwand. Wie sollte ich eine so sprunghafte Frau mit so unsteter Seele verstehen? Ich ging zu den Musikern und der Tänzerin, sie kannten Dinaura nicht. Die Waisenmädchen und die Internatsschülerinnen kehrten ins Internat zurück, die Pilger gingen zu den Booten und fuhren nach Hause. Ich blieb allein auf dem Platz … Man möchte einen Menschen verstehen, stößt aber nur auf Schweigen.

Ich erinnere mich noch an die trostlosen Abende voller Sehnsucht, die sich dahinschleppenden Tage und die schlecht geschlafenen Nächte. An die Telegramme aus Manaus, vier oder fünf, die ich ungelesen, ja sogar ungeöffnet wütend zerriss. An Floritas nervöse Frage: »Und wenn es etwas Dringendes ist?« Dann: »Bestimmt will Doktor Estiliano mit dir sprechen.« Und sie sammelte die Papierschnipsel auf, versuchte die Wörter zusammenzusetzen und ihnen einen Sinn zu geben. An einem Dezembernachmittag kam ich früh zum Platz, legte mich auf die warme Bank und schlief ein. Als die Fünf-Uhr-Schläge mich weckten, zeichnete sich vor mir gegen die Sonne Dinauras Gesicht ab. Mir blieb keine Zeit, Fragen nach dem Tanz zu stellen, auch nicht um mich aufzurichten – ich sah die schwarzen Augen, groß und erschrocken.

War es vielleicht ein Traum? Aber ich wollte keinen Traum, ich begehrte die Frau, ohne Sinnestäuschung. Dann liebkoste ich Dinauras Mund mit den Fingern, spürte ihren erregten Atem, das Zittern und den Schweiß auf den offenen Lippen, die meine Wange streiften. Mitten im lustvollen Kuss ein wilder Biss. Ich schrie auf, mehr vor Schreck denn vor Schmerz. Wollte etwas sagen, meine Zunge blutete. In der Aufregung verschwand Dinaura.

Im Colégio do Carmo sagte eine Internatsschülerin, ich hätte Dinaura festgehalten und ihr einen Kuss aufgezwungen. An einem Freitagvormittag hörte Florita, sie wolle sich auf den Weg zu der versunkenen Stadt machen.

»Wer hat dir diesen Unsinn erzählt?«

»Iro. Der Bettler, der auf dem Platz lebt.«

Ich ging Iro suchen, doch Estiliano fing mich auf der Rampe bei der Markthalle ab und nahm mich mit an den Kai. Er hatte sich auf dem Dampfer *Atahualpa* eingeschifft und wollte für ein paar Tage nach Belém, ehe er nach Vila Bela umzog. Er fragte, ob ich die Telegramme nicht gelesen hatte. Und fügte hinzu: »Der Geschäftsführer will dich sprechen. Er kann die Angestellten nicht mehr bezahlen und auch dir kein Geld mehr schicken.«

»Läuft das Geschäft schlecht?«

»Der Kautschukexport ist eingebrochen.«

Ich ahnte, Estiliano hatte noch nicht alles gesagt. Ich war unruhiger als er und unterdrückte mühsam meine Neugier.

»Morgen legt die *Anselm* in Vila Bela an und fährt dann stromaufwärts nach Manaus«, sagte er.

Ich sah Estiliano bestürzt an: »Morgen? Am Samstag? Da kann ich nicht.«

»Dieses Mädchen hat dich berauscht, Arminto.«

Ich hörte noch seine heisere Stimme drängen, ich müsse

fahren. Estiliano hatte recht: Ich war von Dinaura berauscht. Ich wollte verstehen, warum sie ihre Vergangenheit verheimlichte, wollte den Grund für ihr Tanzen wissen, für den hingebungsvollen Kuss, den wilden Biss, so dass meine Zunge blutete. Ich aß nicht zu Abend und sprach auch nicht mit Florita. Der Samstag brach bewölkt an, und die *Anselm* im Hafen lud Brennholz. Arneu kam zum weißen Palais, um zu fragen, ob ich an Bord zu Mittag essen wolle. Ich sagte, ich würde zu Hause essen. Blieb irgendein Passagier in der Stadt?

Arneu wies auf drei Passagiere: einen alten Mann, eine Frau und einen Jungen.

»Die Becassis, eine Familie aus Belém«, sagte er. »Die Frau heißt Estrela, der Sohn Azário. Angeblich ziehen sie nach Vila Bela.«

Aus der Ferne sah ich Estrelas lockiges Haar zum ersten Mal; sie ging Hand in Hand mit ihrem Sohn. Der alte Becassis ging hinter dem Karren, der mit ihrem Gepäck beladen war. Estrelas Anblick sorgte für eine Abwechslung in meiner Verstörtheit. Arneu betrachtete mit dümmlichem Gesichtsausdruck die Figur der Auswärtigen; er fing an zu reden, sagte, sie sei die schönste Frau auf der *Anselm*, sie werde die Männer von Vila Bela um den Verstand bringen. Das hörte ich gar nicht gern. Er war nützlich, hatte aber die Manie, hinter jedem Rock herzulaufen. Und er spielte sich vor mir auf, lechzte nach einer Frau, die nicht für ihn bestimmt war. Und wie viel Trinkgeld hatte er schon dafür bekommen, dass er mich mit Informationen über die Passagiere versorgte? Während er davonging, schaute ich den drei Auswärtigen nach. Auf dem Trottoir vor der Taberna dos Viajantes blieb der alte Becassis stehen und unterhielt sich mit Genesino Adel. Dann ging er mit der Tochter und dem Enkel zur Pension Salomito.

Ich aß lustlos zu Mittag, und da es zu früh war, um zum Platz zu gehen, legte ich mich im Wohnzimmer in die Hängematte und dachte an Estrela; ich dachte an sie, um nicht wegen der neuerlichen Demütigung durch Dinaura zu leiden. Durch den Wind, der vom Fluss her kam, wurde es im Wohnzimmer noch heißer. War ich aus Dickköpfigkeit nicht an Bord der *Anselm*? Aus Leidenschaft und Begierde, das ja. Das Pfeifen, das Brummen der Maschine, das wasserfallähnliche Rauschen der seitlichen Räder, alles das ebbte allmählich ab. Der Rauch aus dem Schornstein breitete sich vor dem Fenster aus, mein Körper fühlte sich an wie betäubt, tiefe Schläfrigkeit trug mich an einen fremden Ort. Ich sah ganz deutlich Estrelas Haar wellenförmig wie Flammen im Wasser schwimmen. Als ich das Gesicht erblickte, erkannte ich Dinaura und hörte ihre Stimme ruhig sagen, dass wir in Frieden nur in einer Stadt auf dem Grund des Flusses würden leben können. Dann sah ich im aufgewühlten, schlammigen Wasser das Gesicht eines ernsten Mannes mit drohendem Blick. Ich sagte etwas, laut, rang nach Luft, das Bild verschwand. Ich befand mich in einer unbekannten Stadt. Ich wachte mit offenem Mund auf, keuchend wie ein Asthmatiker. Ich tastete das nass geschwitzte Hemd ab und erblickte Floritas Gesicht.

»Ich habe Schreie wie von einem Ertrinkenden gehört, da bin ich dir zu Hilfe gekommen.«

Wenn sie so sprach, war es, als könnte sie meine Träume erraten. Floritas Worte erschreckten mich. Die Angst vor einem Menschen, der uns kennt. Um sie abzulenken, bat ich sie, mein Bad mit Zimtessenz zu parfümieren. Als sie mich fein gemacht und parfümiert sah, forderte sie mich auf, nicht aus dem Haus zu gehen.

»Warum nicht?«

Sie antwortete nicht. Und ich vertraute auf meine Intuition. Noch vor fünf Uhr ging ich zur Ribanceira und lehnte mich an den Stamm der Cuiarana, wo ich Amando hatte sterben sehen. Auf dem Erdboden vom Wind abgerissene Blüten. Ein Himmel so wie heute Nachmittag: große dicke Wolken. Die Rua do Matadouro menschenleer. Ich war so ungeduldig, dass ich zu zittern begann, als ich die fünf Glockenschläge hörte. Da erschien sie, allein, in einem weißen Kleid, die Arme nackt. Wir setzten uns unter den Baum, den über und über blühenden Baum. Ich liebkoste Dinauras Arme und Schultern und bewunderte ihr Gesicht. Ihr Blick wurde immer begehrlicher. Ich stellte keine Fragen, sagte gar nichts. Jedes Wort war nutzlos angesichts der drängenden Liebe. Es stürmte. Sie erschrak nicht vom Donnern, entwand sich auch nicht meiner Umarmung. Ich behielt die Worte für mich in meinen Gedanken. Eines Tages würden wir gemeinsam reisen, andere Städte kennen lernen. Sie blickte auf das andere Ufer des Amazonas wie in einem Traum. Wir würden heiraten und dann in Manaus oder Belém leben, vielleicht auch in Rio. Der Regen näherte sich rauschend wie ein Wasserfall. Es war, als befänden wir uns allein in der Stadt, allein auf der Welt. Sie legte sich auf die nasse Erde, der Stoff ihres Kleides klebte auf der braunen Haut; sie zog sich ohne Eile aus, den Unterrock, das Leibchen und den Büstenhalter, stand auf, nackt, und zog mich aus und leckte mich und lutschte wollüstig; danach rollten wir auf der Erde bis zur Begrenzungsmauer der Uferstraße und kehrten zurück zu dem Baum, liebten uns wie Ausgehungerte. Ich weiß nicht, wie lange wir so dort lagen, ineinander, die Wärme im Körperinneren spürend. Ich konnte kaum die Schönheit ihres Körpers genießen, so fassungslos war ich über ihr Verhalten, ihre Liebeskunst. Tänzerin. Eifersucht brannte in mir. Ich wollte nicht daran denken und blickte zum Himmel, auf den Baum, den Kirchturm. Die Blüten fielen nass herunter und bedeckten meine Augen. Ich wachte davon auf, dass mir der Regen ins Gesicht klatschte, und beging die Unvorsichtigkeit, Dinaura mit fast brutaler Begierde zu küssen. Ich wollte ihre Haut berühren, die Schönheit ihres Körpers küssen. Ich wollte mehr. Ihr Blick sagte nein. Ich drückte mein Ohr an Dinauras Lippen, doch der Regen betäubte uns. Und das, was ich auf ihren Lippen lesen konnte: eine Geschichte. Welche? Sie zog sich an und gab mir ein Zeichen: Ich solle warten, sie komme gleich zurück. Sie lief los, als flüchtete sie vor einer Gefahr. Ich lief hinterher, blieb aber auf der Platzmitte stehen. Dann ging ich zurück, kleidete mich an, wartete an Ort und Stelle auf sie. Es regnete noch immer, als jemand am Eingang zum Colégio erschien. Ich rief nach Dinaura, ging näher und sah einen Mann am Boden. Kniend. Der Bettler hielt einen kaputten schwarzen Regenschirm in der Hand. Iro gab wimmernde Laute von sich, er hoffte auf Essensreste aus dem Speisesaal des Internats. Ich zog einen nassen Geldschein aus der Tasche und warf ihn Iro vor den Bauch.

»Gott ist Vater.«

Ein merkwürdiger Kerl. Er stand auf, ging über den Platz, blieb in der Rua do Matadouro stehen und lachte. Ganz grundlos. Ich verharrte vor dem Colégio do Carmo und dachte darüber nach, was Dinauras Geheimnis sein mochte. Oder die Geschichte, die sie erzählen wollte. Ich verspürte kein Schuldgefühl – vielmehr Eifersucht auf jemanden, den ich vielleicht kannte, doch ich wusste nicht, wer es war. Ich ging in Gedanken sämtliche mir bekannten Gesichter durch, ich hasste alle Männer von Vila Bela, marterte mich vor Wut und Eifersucht. Auf dem Nachhauseweg sah ich zwei Männer aus der Flasche trinken. Ich ging in die Taberna dos Viajantes, bestellte eine Flasche Wein, setzte mich nach draußen, trank in Ruhe und ließ mich nicht von den Blicken der Adels und der übrigen Gäste stören. Sie beobachteten mich lachend, und ich spürte in ihrem Lachen Hohn. Worüber lachten sie? Der alte Genesino, der Kneipenwirt, stichelte:

»Die Leute reden nur von deiner Hochzeit mit dem Waisenmädchen.«

»Welche Leute? Deine verdammten Gäste?«

Er strich sich den Schnurrbart und schlug auf die Registrierkasse:

»Hier kommt keiner von der Sorte deines Großvaters rein.«

Ich stellte die Flasche ab und betrat die Kneipe. Genesino Adel kam um den Tresen herum und wollte sich mir in den Weg stellen, doch einer seiner Söhne trennte uns.

Edílio Cordovils schlechter Ruf war den älteren Menschen noch lebhaft in Erinnerung. Ich ging, wie betäubt von anderen Erinnerungen: die nasse Haut, der Lavendelduft, der an dem Regenabend so leidenschaftlich geküsste und besessene Körper. Zu Hause fiel ich in die Hängematte. Ich erwachte an einem sintflutartigen Sonntag. Es regnete Tag und Nacht, eine ganze Woche lang. Der Amazonas riss alles mit: Reste von Pfahlbauten, Kanus und Boote, Holzplattformen mit angebundenem Vieh, das in Panik brüllte. Der Hafen Santa Clara wurde überflutet, die Flüsse Macurany und Parananema überschwemmten den niedrig gelegenen Teil der Stadt. Die Hausbesorger spannten ihre Hängematten unter dem Vordach auf, dann sangen und beteten sie die ganze Nacht, damit der Regen aufhörte. Und als er aufhörte, gingen Florita und ich oben auf dem Steilufer entlang. Das Colégio do Carmo und das Waisenhaus in der Nähe der Ribanceira waren nicht überschwemmt worden. Doch an den Flussufern war Vila Bela eine Amphibienstadt. Das Schlachthaus ein Morast aus Gerippen und Häuten unter einem Himmel voller Aasgeier. Gliedmaßen und Eingeweide trieben im schmutzigen Wasser dem Bürgermeister vor die Tür. Die Reste wurden weit draußen vor der Stadt begraben, doch der Verwesungsgeruch zwang den Bürgermeister, sein Haus zu verlassen. Ich kann mich daran erinnern, weil ich in diesen Tagen versuchte, mit Dinaura zu sprechen, und während ich auf eine Nachricht wartete, den Aasgestank vom Schlachthaus ertragen musste. Dann erfuhr ich, dass sie in absolute Klausur gehen sollte. Einen Monat, ohne einen Menschen zu sehen. Es war keine Anordnung der Direktorin, sondern Dinauras Entschluss. Doch die schlimmste Nachricht brachte ein Telegramm vom Geschäftsführer der Firma: Unglück *Eldorado* in Pará. Sofort nach Manaus kommen.

Im Hafen gingen widersprüchliche Gerüchte um. Es hieß, der Kapitän der *Eldorado* sei betrunken gewesen; er sei von der Route abgewichen, um eine Geliebte in São Francisco da Jararaca zu besuchen; der Regen und Überladung hätten das Unglück verursacht. Vom Kapitän eines Schiffes von der Ligure Brasiliana erhielt ich genauere Informationen: Die *Eldorado* war im unteren Amazonas, auf der Höhe von Breves, zwischen Curralinho und dem Leuchtturm do Camaleão an der Spitze der Ilha do Caim auf eine Sandbank gelaufen. Totalverlust der Ladung und des Frachters. Wie ich hörte, hat die Familie von Genesino Adel in der Taberna dos Viajantes den Schiffbruch gefeiert.

»Die haben dein Unglück gefeiert«, sagte Florita. »Worauf wartest du? Mach dich auf den Weg nach Manaus.«

Ein paar Tage blieb ich unentschlossen; Estiliano befand

sich in Belém, und ich wusste nicht, wann er zurückkehren würde. Eines Nachts sah Florita mich in der Hängematte im Wohnzimmer und setzte sich auf den Fußboden. Bevor es Tag wurde, sagte sie in ruhigem Ton, ich müsse mit dem nächsten Dampfer nach Manaus fahren. Sie wiederholte es so oft, bis ich einsah, dass sie recht hatte. Geld. Das war es. Ich wollte nicht wegfahren … Die Liebesnacht mit Dinaura, das Verlangen, bei ihr zu sein. Auch die übrigen Nächte unseres Lebens. Aber wie sollte ich ohne Geld leben?

Florita befreite mich aus dem Dilemma. Sie sagte, sie werde das Haus für meine Hochzeit mit Dinaura richten, ein Monat Abwesenheit lasse eine große Liebe nicht erlöschen. Mit diesen Worten im Kopf ging ich an Bord der *Índio do Brasil*, und als ich, flussaufwärts fahrend, nachts nicht schlafen konnte, las ich einen Roman, den Estiliano mir geliehen hatte. Darin sagt eine Figur, ein Vater: Ich will keinen nutzlosen, tristen, glanzlosen Sohn. So ein Sohn kann nicht dafür sorgen, dass unser Name weiterlebt und das Geschäft prosperiert. Nach der Lektüre wurde ich trübsinnig und besorgt. Und so kam ich an einem Spätnachmittag in Manaus an. Ich schickte einen Laufjungen, damit er dem Geschäftsführer mitteilte, dass ich am nächsten Morgen ins Büro kommen würde. Ein unseliger Tag war das. Wegen eines Tumults im Zentrum verspäte ich mich um eine Stunde. Auf der Avenida Sete de Setembro lief und schrie ein Haufen aufgeregter Leute. Ich dachte an einen Protestmarsch, eine Demonstration. Aber es wurde ein Dieb gelyncht. Er war, fast nackt, an einen Karren gebunden, den ein Pferd zog. Sie steinigten den Unglücklichen und peitschen ihm mit seinem Gürtel den Rücken. Das Pferd wieherte, übertönte aber nicht die Schmerzensschreie des Mannes. Dann schleppte die Polizei Dieb, Karren und Pferd ab. Als sie an mir vorbeikamen, erkannte ich den Burschen aus der Pension Saturno. Juvêncio konnte mich nicht erkennen: Die roten Augen in dem geschwollenen Gesicht blickten tot.

Der Geschäftsführer beobachtete die Szene vom Bürofenster aus. Zum ersten Mal sah er mir in die Augen, angespannte Miene, die Hände in den Hosentaschen. Er setzte sich nicht einmal, um mir zu sagen, dass der Lloyd Brasileiro, die Companhia de Navegação da Amazônia und andere große Reedereien die Frachttraten reduziert hatten. Mein Vater hatte die Versicherung der *Eldorado* nicht verlängert, und die Firma schuldete der englischen Bank noch viel Geld.

Wusste Estiliano das nicht?

»Darum hat sich Doktor Cordovil selbst gekümmert. Dein Vater hat niemanden bevollmächtigt, Versicherungspolicen zu unterschreiben. Er wollte den Vertrag verlängern, ist aber gestorben.«

Dann sprach der Geschäftsführer weiter: Bei dem Schiffbruch der *Eldorado* hatte die Companhia Adler achtzig Tonnen Kautschuk und Paranüsse verloren und prozessierte nun gegen die Firma; die Hafengebühren waren noch nicht an die Manaus Harbour gezahlt … Das Katastrophengerede irritierte mich. Ich wusste von nichts; die Unwissenheit war meine Schwäche. Der Geschäftsführer verstummte, setzte sich und stützte die Ellbogen auf dem Schreibtisch auf, die Fingerspitzen an den Schläfen, den Blick bewundernd und sehnsüchtig auf das Foto meines Vaters gerichtet. Ich konnte Amando nicht in die Augen sehen, nicht einmal an der Wand. Ich murmelte: »Die Firma ist pleite.« Eine Stimme sagte leise: »Feigling.«

Ich fragte den Geschäftsführer, was er gerade gesagt habe.

Er blieb wortlos in derselben Stellung sitzen. Das Porträt meines Vaters blickte mich herausfordernd an. »Feigling. Du taugst zu nichts.« Es war die Stimme von Amando Cordovil. Dieselben Worte. Oder gab mein Gedächtnis wieder, was ich so oft gehört hatte? Noch am selben Vormittag ging ich mit dem Geschäftsführer zu der englischen Bank.

Der Kredit. Schon allein beim Gedanken daran wird mir übel. Ich glaube, es gibt Regen. Diese drückende Feuchtigkeit … Wenn es so schwülwarm wird, muss ich einen Schluck trinken, sonst kriege ich Atemnot. Früher habe ich nur Wein getrunken. Heute trinke ich Tarubá, ein guter Schnaps, den bekomme ich von den Sataré-Maué-Indianern. Hilft gegen die Atemnot. Und die Erinnerungen machen nicht so verzweifelt. Dann werde ich ruhig und schließe die Augen. Ich kann mit geschlossenen Augen sprechen.

Genau so eine Atemnot bekam ich, als der Bankdirektor mir die Papiere zeigte, die Amando unterschrieben hatte. Ein Vermögen, diese Schulden. Ich ging wie betäubt weg, nahm die Straßenbahn zur Villa und wartete darauf, dass Estiliano nach Manaus kam.

Gut zehn Tage später erschien er. Er wusste schon alles, ich sei naiv oder verantwortungslos gewesen. Beides, dachte ich. Aber mir war wichtig zu sagen, dass nur mein Vater die Versicherung hätte verlängern können.

»Ich bin früher gekommen, weil ich in Belém die Nachricht vom Unglück in der Zeitung gelesen habe«, sagte er. Und dann kam heraus, dass er sich schon seit einer Woche in Manaus befand.

»Ich wollte keine Zeit verlieren«, sagte er weiter. »Ich habe mit dem Richter gesprochen, ebenso mit den Direktoren der Bank und der Companhia Adler.«

Er teilte mir mit, dass die beiden Frachtkähne von der Justiz konfisziert und in Manaus Harbour festgemacht waren. Die alten Barkassen seien nicht viel wert, aber man könne sie verkaufen. Wert besessen hatte der deutsche Frachter: die *Eldorado*.

Ich warf dem Geschäftsführer Leichtsinn vor, er hätte diese Verschuldung vermeiden können. Estiliano blieb gelassen – der Geschäftsführer sei ein Schatten meines Vaters, und ein Schatten könne nicht an alles denken.

Aber war es wirklich nötig, die beiden Frachtkähne zu verkaufen?

»Du wirst alles verkaufen müssen: diese Villa, das Firmengebäude und das Grundstück in Flores.«

Wie sollte ich das hinnehmen? Ich wollte Dinaura heiraten, mit ihr reisen.

»Du lebst in einer anderen Welt«, sagte Estiliano. »Wenn du nicht alles verkaufst, wird man dich einsperren. Die kleinen Reedereien von Amazonien sind bankrott. Geh aus dem Haus und lauf durch die Stadt. Dieses Mädchen hat dir den Kopf verdreht, dich um den Verstand gebracht. Blind gemacht.«

Estiliano war besessen von der Geschichte meines Vaters, aber er wusste, dass auch Amando den Bankrott nicht hätte verhindern können. Es war kein Schicksalsschlag. In dieser Geschichte gibt es keinen Schicksalsschlag. Mich interessierte weder Amandos Traum noch der Stammbaum der Cordovils. Ich schlug mich jetzt mit Geldmangel herum.

Ich fuhr in der Straßenbahn durch die Stadt, sah Pfahlbauten und Hütten am Stadtrand und am Ufer der Wasserarme im Zentrum und Zeltlager, in denen ehemalige Gummizapfer schliefen; ich sah, wie Kinder weggejagt wurden, wenn sie versuchten, Essen zu ergattern, oder auf der Straße vor der Kneipe Alegre, der Fábrica de Alimentos Italiana oder den Restaurants bettelten. Das Gefängnis in der Avenida Sete de Setembro war überfüllt, diverse Stadthäuser und

Geschäfte standen zum Verkauf. All das steigerte nur meine Sehnsucht nach Dinaura. In dem Brief, den ich ihr schickte, erzählte ich, was geschehen war; ich schrieb, ich sei verrückt danach, sie zu sehen, ich liebte sie über alles, mehr noch, als die Worte besagten, viel mehr noch, als ich selbst wisse. Und dass ich nicht so bald nach Vila Bela zurückkehren könne.

Das Warten brachte mich um. Wenn ich aus dem Haus ging, um Estiliano zum Gericht zu begleiten, vermied ich, beim Büro vorbeizugehen. Als ich es das letzte Mal betrat, habe ich den Geschäftsführer beleidigt und wollte ihn von einem Amt und einem Platz verjagen, die im Grunde nie mir gehört hatten. Estiliano zog mich in eine Ecke und flüsterte mir zu:

»In der Stunde des Scheiterns sollte man gut überlegen, was man tut.«

Ich beneidete diesen Mann, der mit dem Kopf, dem Verstand handelte, die irgendein Gott ihm geschenkt hatte. Den Geschäftsführer habe ich nie wieder gesehen. Es heißt, er sei gegen Ende des Ersten Weltkrieges gestorben, der Spanischen Grippe zum Opfer gefallen.

Einen Monat später schloss Estiliano mit der Companhia Adler und der englischen Bank einen Vergleich. Und sagte noch, ich hätte Glück gehabt, denn sie hätten die Schätzwerte der Güter nicht in Frage gestellt.

»Ich habe kein Geld für die Rückfahrt nach Vila Bela.«

»Wir werden die Sachen aus der Villa und aus dem Büro versteigern.«

Er hatte meine Schiffspassage schon gekauft. Das Klavier und das Porzellan aus der Villa konnte ich zu etwas Geld machen. Ganz abgesehen von den Ringen meiner Mutter.

»Das ist nicht wenig für einen, der nichts tut«, fügte Estiliano mit raubtierhafter Ruhe hinzu. »Und dann hast du noch den Besitz in Vila Bela. Ein wertvolles großes Haus.«

»Und die Fazenda Boa Vida«, sagte ich wütend.

Eine italienischer Kaufmann ersteigerte die Sachen: Zum ersten Mal seit dem Tod meines Vaters zählte ich das Geld Schein für Schein und rechnete ängstlich nach. Florita empfing mich in Vila Bela nicht sehr begeistert. Die Fassade des weißen Palais war nicht gekalkt worden; die Wände im Wohnzimmer und den Schlafräumen hatten feuchte Flecken.

»Du hast kein Geld geschickt, um das Haus herzurichten«, sagte sie.

»Aber das ist nicht der Grund, warum du so ein Gesicht machst.«

Sie rang nach Worten, aber ich wollte nicht warten.

»Was ist passiert?«

Sie merkte, wie nervös ich war, und wich bis an die Wand zurück. Wenn Florita bockig wurde, fehlte nur, dass sie ihre Zunge verschluckte. Ihrem Blick konnte ich nichts entnehmen. Ich lief zur Schule der Karmelitinnen, überquerte den Innenhof und nahm mit großen Schritten die Treppe zum Gebäude des Waisenhauses. Die Mädchen saßen im Kreis. Sie nähten schweigend. Als sie mich erblickten, sprangen sie auf und versteckten sich in den Hängematten. Nur eine blieb still stehen, das Skapulier der heiligen Jungfrau von Karmel in den Händen. Wir starrten uns wie zwei Geisteskranke an. Ich fragte nach Dinaura.

»Die wohnt nicht hier. Hat hier nie geschlafen …«

»Nie hier geschlafen?«

Ich hörte Flüstern, ein Gemurmel. Unvermittelt verstummten alle. Die Frau erschien, kam langsam die Treppe herauf: aufmerksamer Blick aus grünen Augen im dunkelhäutigen Gesicht, das silberne Kruzifix, die sehr schlanke

Gestalt vom braunen Ordenskleid bedeckt. Fast so groß wie ich. Neben der Madre Caminal die Schwester Aufseherin. Sie war es, die mich aufforderte, den Schlafsaal zu verlassen. Ich wollte keinen Ärger und keinen Skandal. Am Ausgang teilte Madre Caminal mir mit:

»Dinaura treibt sich herum.«

»In Vila Bela?«

»Das weiß niemand.«

Ich sah der Nonne in die Augen und fragte sehr laut, warum sie mich anlog.

»Du hattest das Mädchen nicht verdient. Wie kannst du ein Sohn von Amando Cordovil sein?«

Der Name meines Vaters brachte meine Sinne durcheinander. Der Name und die Frage. Die Kirchenglocke sah aus wie ein Gespenst, das sich in dem gelben Turm versteckte. Iro, der Bettler von dem verregneten Abend, saß auf dem Platz auf einer Bank, den nutzlosen Regenschirm unter den Arm geklemmt. Er streckte seine knochige Hand aus; ich ging weiter, er warf den Regenschirm nach mir und rief: »Ertrinken wirst du.«

Ich drehte mich um.

»Ertrinken, du verdammter Geizhals.«

Ich stieß den Regenschirm mit einem Tritt weg, und in der Ribanceira blieb ich unter der Cuiarana stehen und grübelte, wo Dinaura sein mochte. Ich vermied, zur Bank zu blicken, ich wollte nicht an Iros Worte denken. Doch irgendetwas reizte mich. Ich ging zurück, die Bank war leer. Angst mischte sich in meine Sehnsucht nach Dinaura. Angst, sie nicht zu finden, Angst vor den Worten des Bettlers.

Zu Hause sagte Florita, meine Miene verrate Seelenschmerz. Wusste sie, dass Dinaura weggelaufen war? Dass sie nicht im Waisenhaus schlief? Sie wollte nicht antworten, reichte mir lediglich den Umschlag mit dem Brief, den ich an Dinaura geschickt hatte. Ungeöffnet. »Iro hat ihn hier abgegeben«, sagte Florita. Ein ungelesener Liebesbrief verheißt nichts Gutes.

Da erzählte ich ihr, was ich von dem Bettler gehört hatte.»Ertrinken? Not leiden, das werden wir.«

Noch besaß ich die Fazenda und das weiße Palais. Das Haus wollte ich nicht nur aus Eigensinn behalten. Das weiße Palais war der Ort meiner Kindheit, doch den Landbesitz konnte ich nicht halten. Almerindo und Talita pflanzten Maniok und Bananen, züchteten Schweine und Hühner. Das ernährte sie; Überschüsse tauschten sie gegen Fisch. Und von mir bekamen sie Reis, Bohnen, Zucker, Kaffee und Seife. Sie sprachen kaum mit mir, betraten und verließen das Grundstück von hinten, als gehörte es ihnen. Für sie war ich ein verachteter, schwacher Sohn, ohne die harte Hand eines Cordovil. Almerindo ließ seine Verwandten vom Land aufs Grundstück. Sie schwatzten und sangen, machten rücksichtslos Lärm. Ich weiß noch, dass mein Vater den Krach duldete. Manchmal schenkte er Almerindo eine Gitarre und Talita ein Paar Schuhe; vor den Wahlen ging er zu ihnen und forderte sie auf, einen bestimmten Kandidaten zu wählen. Diese Vertraulichkeit störte mich, weil sie egoistisch und berechnend war. Im Grunde waren sie für Amando nichts anderes als Diener. Ich fragte Florita, wann ich die beiden hinauswerfen sollte.

»Noch heute. Talita hasst mich, weil sie mich für deine Geliebte hält. Und der Mann, weil ich ihn erwischt habe, als er deine alten Kleider geklaut hat.«

»Und warum hast du ihn gelassen?«

»Weil Amando zugelassen hat, dass Almerindo sich die abgewetzten Hemden genommen hat. Dein Vater hat immer gesagt: Er glaubt, dass er klaut, und ich glaube, dass ich schenke.«

Also sagte ich dem Hausbesorgerpaar, sie sollten auf die Fazenda ziehen. Sie weigerten sich, sie würden das Grundstück nur verlassen, wenn ich eine Wohnung und Arbeit für beide beschaffte. Die Lösung war, mit Leontino Byron sprechen, dem Politiker, der von Amando protegiert worden war. Byron träumte davon, ein angesehener Mann zu werden. Ein Abgeordneter. Ich bat ihn, den Hausbesorgern meines verstorbenen Vaters zu helfen. Der Politiker empfing mich mit einer Umarmung. Und sagte sofort: »Mein Freund, wer ist Amando nicht etwas schuldig?« Dann besorgte er ihnen ein Holzhäuschen ganz am Ende der Stadt. Und auch eine Arbeit: den Friedhof sauber halten. Hinter dem Haus hatten sie Essen und einen Keller; auf dem Friedhof ein kümmerliches Gehalt. Keine einfache Entscheidung, aber ich war die beiden los, die Amando vergötterten.

Ich machte mich auf die Suche nach Dinaura. In der Stadt ging ich von Tür zu Tür, die Leute erinnerten sich noch an die Geschenke und Hilfe, die sie von Amando erhalten hatten: eine Stelle in einem Amt, ein Brautkleid, ein Spielzeug, eine Hängematte, eine Schiffspassage, ja sogar Geld. Ich fragte nach meiner Geliebten und bekam Amandos Namen zu hören. Florita behauptete steif und fest, sie befinde sich nicht in Vila Bela.

»Woher weißt du das?«

»Wer von einer anderen Welt träumt, kann nicht hier sein. Schon gar nicht eine Geliebte, die bereut.«

Sie wartete, bis ich sie fragend ansah, dann setzte sie nach: »Dinaura lebt jetzt in einer verzauberten Stadt.«

Florita meinte es nicht ernst, überzeugte mich aber, dass Dinaura sich nicht in Vila Bela befand. Da holte ich Joaquim

Roso und Ulisses Tupi. Und widerstrebend auch Denísio Cão. Diese Lotsen kannten versteckte stehende Gewässer und Seitenarme, und sie hatten so viel Umgang mit Indios und Uferanrainern, dass sie die *língua geral* verstanden. Als Florita die drei Boote auf dem Amazonas sah, sagte sie: »Das alles wegen einer Frau, die dich verlassen hat?«

Floritas Eifersucht war weniger befremdlich als Estilianos Schweigen. Ein furchtbares Schweigen. Er mochte Dinaura nicht, dachte ich. War es Starrsinn eines alten Junggesellen? Oder Wut auf die Frau, derentwegen ich mich endgültig von der Firma und Manaus abgewandt hatte?

Ungeduldig wartete ich auf Nachrichten von den Bootsführern. Als Erster tauchte Denísio Cão wieder auf. Er stand rauchend an der Reling, als ich ihn fand. Wo war sie?

Denísio wies mit einer Mundbewegung auf eine Hängematte an Deck. Ich schlug die Seitenteile zurück und blickte in das erschrockene Gesicht eines Mädchens. Denísio wartete nicht ab, bis ich fragte, er drückte die Zigarette aus und sagte, die Kleine sei meiner Braut wie aus dem Gesicht geschnitten. Und noch Jungfrau, nicht mal der Flussdelfin habe sie angefasst. Sie stammte vom Seitenarm Caldeirão, aus einer Siedlung unterhalb der Serra de Parintins.

»Sie hat ihre Mutter verloren«, sagte der Bootsführer. »Und der Vater hat mir die Kleine geschenkt.«

Ich spürte, wie mein Blut anfing zu kochen. Das böse Blut der Cordovils. Denísio trug kein Messer im Gürtel. Ich schlug dem Lügner ins Gesicht.

»Wie viel hast du für das arme Ding bezahlt?«

Er gestand: Er hatte dem Vater des Mädchens ein paar Münzen gegeben und sie auf der Fahrt nach Vila Bela missbraucht. Fast noch ein Kind, die Augen vor Angst und Scham geschlossen. Ich nahm sie mit ins weiße Palais und ging zur Polizei. Als ich das Gefängnis betrat, gab ich jeden Gedanken an Gerechtigkeit auf. Das Gebäude ein Schweinestall; die Gefängniswärter elende Gestalten, sie sahen mehr nach Häftlingen aus als die Gefangenen selbst. Ich engagierte einen alten vertrauenswürdigen Bootsführer und schickte das Mädchen zurück zum Caldeirão. Und das Schlimmste ist, dass Denísio lachend von Bord sprang und zufrieden und stolz über so viel Gemeinheit davonging.

Joaquim Roso traf ein paar Tage später mit einem zweiten Albtraum ein: ein namenloses Mädchen aus einem Dorf am Uaicurapá, dem Fluss bei der Fazenda Boa Vida. Bei ihrem Anblick war ich wie betäubt: ein trauriger Engel, im kleinen braunen Gesicht nur Schmerz und Schweigen. Sie war Halbwaise, der Vater hatte sie entjungfert. Als Joaquim Roso das erfuhr, wollte er das Mädchen vor dem animalischen Vater retten.

»Dinaura habe ich nicht gefunden, dafür habe ich diese gute Tat getan«, sagte er.

Das machte mir zu schaffen, es war das Schicksal vieler armer Mädchen in Amazonien. Ich fragte mich, warum ein Vater dieses seltsame Verlangen hat, seine eigene Brut zu besitzen. Es kann nur Bösartigkeit sein, teuflische Gier. Ich schickte Florita zum Colégio do Carmo – sie sollte Madre Caminal bitten, sich um das Mädchen zu kümmern. Und dann wartete ich auf Ulisses Tupi, berühmt dafür, immer aus dem Labyrinth unserer Flüsse herauszufinden. Er traf überraschend ein, der Bart so gewachsen, dass man seine Augen kaum sah. Er wirkte verändert. Er schwor, Dinaura sei am Leben, aber nicht in unserer Welt. Sie wohne in der verzauberten Stadt, mit den Privilegien einer Königin, sei aber unglücklich. Das hatte er in den Pfahlbauten um Flussufer gehört, in den entlegensten Gemeinden; von den einsamen

Indiomischlingen, die mit ihren Geistern und Erscheinungen leben. Dinaura sei von einem verzauberten Wesen verführt worden, sagten sie. Sie sei Gefangene einer dieser schrecklichen Kreaturen, die Frauen auf den Grund des Wassers locken. Und sie beschrieben, wo sie nun lebte: eine Stadt, die vor Gold und Licht glänzte, mit schönen Straßen und Plätzen. Die »Verzauberte Stadt« war eine alte Sage, schon in meiner Kindheit hatte ich sie gehört. Fast alle Menschen hatten sie im Kopf, so als wären das Glück und die Gerechtigkeit an einem verzauberten Ort versteckt. Ulisses Tupi sagte, ich solle mit einem Medizinmann sprechen: sein Geist könne sich auf den Grund des Wassers begeben, um den Zauber zu brechen und Dinaura in unsere Welt zurückzuholen. Er schlug vor, ich solle Dom Antelmo aufsuchen, den großen Heilkundigen und Schamanen von Maués. Er kenne die Geheimnisse des Flussgrundes und könne mit Uiara sprechen, dem Oberhaupt aller Verzauberten, die in der versunkenen Stadt lebten.

Als diese Nachrichten in Vila Bela die Runde gemacht hatten, verfolgte mich ein Inferno von Gerüchten. Die einen sagten, Dinaura habe mich wegen eines Froschs, eines großes Fischs, eines Flussdelfins oder einer Anakonda verlassen; andere tuschelten, sie erscheine um Mitternacht auf einem beleuchteten Boot und erzähle den Fischern, dass sie es nicht ertrage, so einsam am Grund des Flusses zu leben. Ich weiß noch, dass Florita eines Morgens einen Korb voller Fische vor der Tür des weißen Palais fand. Fische mit offenem Maul, Kiemen und Innereien blutig, nach aufgeplatztem Rogen riechend, die reinste Galle. Was zum Teufel bedeutete das?

»Das hat deine Geliebte dir geschickt«, sagte Florita. »Sie ist es leid, halb Tier, halb Frau zu sein.«

Wollte Florita mich provozieren? Der Glaube an übernatürliche Wesen schwand morgens und kehrte abends zurück. Wir warfen die Fische den Aasgeiern beim Schlachthaus hin; als sich der Geruch nach Innereien und Galle verzogen hatte, erhielt ich Briefe und Mitteilungen von Menschen, die von irgendwelchen Zauberwesen vom Grund des Wassers verführt und dann verfolgt worden waren. Eine Schwangere, die fürchtete, ein Kind mit dem Aussehen eines Flussdelfins zur Welt zu bringen, schrieb, sie schlafe am Ufer des Amazonas und wenn die Sonne aufgehe, singe sie dem Fluss vor. Ein Mann, der von einer uralten Inschrift in einem Stein im Rio Nhamundá träumte, glaubte, unsterblich zu sein, weil Verzauberte ja nicht stürben. Ein Typ, der sich für einen Don Juan hielt, wurde jedes Mal impotent, wenn ihm während der Nacht eine Frau in Weiß erschien. Und noch andere Geschichten von Männern und Frauen, allesamt Opfer eines verzauberten Wesens, das ihnen im Traum erschien und immer das gleiche Liebeslied sang. Sie wurden von der Stimme und dem Duft der Verführung angelockt, und manche verloren über diesen Erscheinungen den Verstand und suchten bei einem Medizinmann Hilfe.

Ich gab viel Geld mit den Bootsführern aus. Und was haben sie mir gebracht? Mythen und vergewaltigte Mädchen. Florita forderte mich auf, von diesem Wahnsinn abzulassen und ein für alle Mal aufzugeben, Dinaura werde nie zurückkehren.

Ich gab nicht auf. Und auch später, als die Zeit meine Sehnsucht und Hoffnung dämpfte und der Leib sich Ruhe wünschte, brannte das Herz weiter. Meine Gedanken ließen nicht von ihr ab, ließen nicht vom Begehren ab. Samstags ging ich auf die Praça do Sagrado Coração, in der Hoffnung, sie am späten Nachmittag dort zu sehen. Eine Zeit lang lebte ich mit dieser Illusion, ich mied den Bettler, der immer auf derselben Bank saß, auf dem Schoß den zerfetzten Regenschirm.

Als mir das Geld ausging, wurde mir klar, dass viel Zeit vergangen war. Ich schlug Estiliano vor, wir könnten die Fazenda Boa Vida neu in Betrieb nehmen, Fleisch exportieren.

»Mit welchem Geld? Die Weiden, die Rinder, der Transport des Viehs bei Hochwasser, die Arbeiter.«

»Und wovon soll ich leben?«

»Du kannst einen Besitz verkaufen. Selbst Horadour Bonplant will seine Parfümerie verkaufen. In diesem Land können nur Politiker gut gelaunt zu Bett gehen und morgens aufstehen.«

Estiliano sah mich pessimistisch an, was mehr schmerzte als eine Beleidigung. Deutete er meine Zukunft an? Er merkte, dass die Blässe in meinem Gesicht von einer schrecklichen Erinnerung herrührte, die er unbeabsichtigt in meinem Gedächtnis freigelegt hatte.

»Du solltest die Fazenda besuchen«, sagte er. »Anschließend kannst du entscheiden, ob es besser ist, sie zu verkaufen.«

Er gab mir Geld, damit ich ein Boot mieten, einen Lotsen bezahlen und Essen kaufen konnte. Ich nahm Florita und den Mandarim-Karton mit, darin Papiere, die ich noch nicht gelesen hatte. Amandos Papiere.

Die Fazenda lag in einem Ufergebiet am Uaicurapá. Ich weiß nicht mehr, an welchem Abend es war, als Amando auf den Himmel wies und sagte, die Fazenda Boa Vida sei so groß wie der Mond. »Der Unterschied ist, dass es hier viel Wasser und Fisch gibt und dass ich hier viel Kakao ernten werde.« Florita dachte, er sei durchgedreht, weil er dem Mond von seiner Kakaopflanzung erzählte. Schädlinge machten den

Traum zunichte. Übrig blieb nur das Haus, mit der Veranda und dem Wohnzimmer zum Fluss hin.

Ich war schon lange nicht mehr auf Boa Vida gewesen. Florita blickte traurig auf die früheren Weiden: wilde Gräser und dazwischen Stümpfe verkohlter Bäume. Die Kakaobäume mit rostfarbenem Laub tot. Termitenbauten in den Zwischenwänden und Balken des Hauses. Während Florita und der Bootsführer die Zimmer und die Veranda säuberten, betrachtete ich den alten Kapokbaum am Flussufer.

Der höchste Baum der Welt, sagte mein Vater immer. »Ein Dreckskerl, der auf Boa Vida arbeitete, hatte sich an deine Mutter rangemacht. Er wurde an einem hohen Ast gehenkt. Als ich auf den Strick geschossen habe, war er schon tot. Er fiel ins Wasser, dann haben sie ihn auf ein Floß gelegt und mit der Strömung abtreiben lassen. Zwei Männer fuhren hinter dem Floß her und machten sich einen Spaß daraus, der Leiche in den Hals zu schießen. Weiter flussabwärts, am Seitenarm Ramos, haben sie den Kopf des Kerls auf einem Pflock aufgespießt. Die Aasgeier haben sich gefreut, und seitdem hat sich keiner mehr an deine Mutter rangemacht. Kein Einziger. Sie hat nur für mich gelebt, bis zu dem Tag, als sie dich geboren hat.«

Amandos Gewehr, sein Hut und seine Stiefel hingen im Schlafzimmer an der Wand. Und zwischen der Waffe und dem Hut ein Foto von seinem Gesicht. Kannte Estiliano diese Geschichte? Und Florita und Madre Caminal? Was weiß ein Freund von einem Freund? Oder was verschweigt er? Ich fühlte mich auf Boa Vida unwohl. Ein wunderschöner Ort, mit Roten Ibissen und Rotstirnblatthühnchen am Himmel und in den Bäumen. Das dunkle, spiegelglatte Wasser des Uaicurapá, die Insel, die bei Niedrigwasser zum Vorschein kam, wenn ich mit einer Harpune Fische stach und allein am

Strand spielte. Wildenten und Flugenten schnatterten in der Krone des Kapokbaums. Der Baum steht bestimmt noch da und spendet dem Haus Schatten, irgendwelche Siedler haben es im Zweiten Weltkrieg besetzt. Nicht der Ort belastete mich, nur die Erinnerungen. Die Kinder der Arbeiter kamen immer zur Veranda, blieben stehen und beobachteten das Haus. Schweigsame Kinder, Kinder schweigsamer Eltern. Die einzige hörbare Stimme gehörte Amando – eine Stimme, der zu gehorchen war. Es heißt, die Kakaoplantage sei binnen kurzer Zeit zugrunde gegangen. Da hat mein Vater den Urwald brandgerodet, um daraus Weideland zu machen. Er hatte Erfolg, bis er eine Barkasse kaufte und anfing, Kautschuk, Paranüsse und Holz vom mittleren Amazonas nach Belém zu transportieren. Boa Vida wurde zum Haus auf dem Land. Der Gehenkte. Geköpft. Amando erzählte diese Geschichte gerne immer wieder, und einmal sprach er nicht zum Mond und auch nicht zu mir, er sprach zu meiner Muter, als wäre sie noch am Leben. Ich glaubte diese Geschichte, und ich dachte dabei an eine andere: an die vom abgeschlagenen Kopf. Verschiedene Geschichten, doch Amandos Worte machten mir noch mehr Angst. Weil er glaubte, was er sagte. Und auch, weil er meine Angst überging.

In dieser Nacht versuchte ich, im Zimmer meiner Eltern zu schlafen; frühmorgens weckte mich ein Fiepen. Eine Fledermaus hatte sich verflogen, war im Drahtgitter am Fenster hängen geblieben und hatte aufgequietscht. Die kleinen Augen funkelten wie Feuer. Ich zündete die Petroleumlampe an, die Gestalt eines bewaffneten Mannes zeichnete sich auf der Wand ab. Es war nicht der Bootsführer. Überhaupt kein Mann. Lediglich das Gewehr und der Hut meines Vaters. Gespenster. Die Fledermaus verschwand. Ich warf das Gewehr und den Hut zu Boden, ich wollte keine Gespenster im

Zimmer. Draußen am Flussufer ging eine Frau. Ich sprang aus der Hängematte, das Herz schlug mir bis zum Hals, ich ging an das Drahtgitter. Die Frau kam auf das Fenster zu. Ich wollte Dinauras Namen rufen.

»Ich habe etwas gehört«, sagte Florita.

»Es war nur ein Traum. Geh schlafen.«

Ich spannte die Hängematte auf der Veranda auf und legte mich hinein. Die Erinnerungen an Boa Vida hinderten mich am Einschlafen: das Zirpen der Zikaden und das Quaken der Frösche, der Geruch der Früchte, die ich von den Bäumen pflückte, der Aufprall der Paranüsse, wenn sie den Affen aus den Händen fielen. Bevor es hell wurde, hörte ich die Flugenten schreien und sah den Kapokbaum vor dem Himmel, den die noch verborgene Sonne rötlich färbte. Der Nachmittag, an dem Amando in den Wald zog, um eine entflohene Arbeiterfamilie zurückzuholen. Er kehrte mit leeren Händen heim. Mit fast leeren: Ein schlecht gekleidetes, barfüßiges Mädchen kam hinter ihm her. Eingefangen hatte sie Almerindo, der später zum Hausbesorger in Vila Bela wurde. »Arm und mutig ist die«, sagte Amando. »Sie wollte nicht mit den Faulenzern weglaufen und hat die Familie verlassen, um zu arbeiten und ein besseres Leben zu haben.«

Mein Vater nahm das Mädchen mit ins weiße Palais, kaufte ihr Kleider und Sandalen. In Vila Bela ging sie zur Schule und bekam einen Namen, wurde christlich getauft und gefeiert. Amando sagte, das Mädchen sei vertrauenswürdig, und vertrauenswürdige Leute respektierte er, half ihnen sogar. Dieses Mädchen hat mich großgezogen. Die erste Frau, an die ich mich erinnern kann. Florita. Jahre später, ebenfalls in Vila Bela, bin ich an einem Nachmittag, als sie in der Hängematte schlief, in ihr Zimmer gegangen und habe ihren nackten Körper betrachtet. Dann stand sie zu meinem Schrecken auf, entkleidete mich und zog mich in die Hängematte. Almerindo und Talita haben es gehört und alles meinem Vater erzählt. Florita hat sich nicht entschuldigt und wurde auch nicht von ihrem Herrn bestraft. Monate später zwang Amando mich, nach Manaus zu ziehen, in die Pension Saturno.

Während ich daran zurückdachte, wurde es Tag. Und da ich nicht schlafen konnte, stöberte ich in den Papieren, die in dem Mandarim-Karton lagen. Ich las Briefe von Prälaturen, von Armenhäusern und vom Weihbischof des mittleren Amazonas. Sie dankten Amando für seine Spenden. Ich fand Schreiben von Finanzämtern, Bürgermeistern, Abgeordneten. Und tief unten im Karton einen Brief, unterschrieben von einem Ministeriumsmitarbeiter, und einen anderen, unterschrieben vom Gouverneur des Bundesstaates Amazonas. Darin war die Rede von einer Ausschreibung für eine Fracht nach England und dass »alles unter Geheimhaltung geplant werden muss«. Darüber dachte ich nach, als ich Florita fragen hörte, wann wir nach Vila Bela zurückkehren würden.

»Heute«, sagte ich.

Ich grub zwei Löcher zwischen dem Kapokbaum und dem Fluss, in dem einen begrub ich den Karton mit den Papieren, in dem anderen den Hut, das Gewehr und die Stiefel. Ich wollte auch das Foto von Amando hineinlegen, mit dem Gesicht nach unten, zur Erde. Doch Florita wollte das Foto behalten.

»Wozu, wenn du nicht mehr zu seinem Grab gehst?«

»Der Friedhof von Vila Bela ist ein einziges Gestrüpp«, sagte sie.

Sie log mit einem Blick auf Amandos Bildnis. Sie ging regelmäßig auf den Friedhof und setzte Bromelien auf die Grabplatte ihres Herrn. Sogar einen Cashewnussbaum hatte sie neben der Gruft der Cordovils gepflanzt. Als ich eines

Vormittags zum Grab meiner Mutter ging, kniete Florita dort, betete und wässerte den Cashewnussbaum. Ich habe nie vergessen, was sie mir gleich nach Amandos Beerdigung gesagt hat: »Dein Vater war so geldgierig wie nur was. Aber ich habe gelernt, ihn zu mögen.«

Sie hat gelernt, ihn zu mögen, trotz seiner Erbärmlichkeit. Der ganze Bundesstaat Amazonas hat es gelernt. Ich gab Florita das Foto und blickte auf Boa Vida wie auf einen Ort, den man besser vergisst. Auf der Rückfahrt nach Vila Bela dachte ich an meine Mutter, die ich nie gekannt habe. Ich weiß nicht, ob sie gestorben ist, um sich von meinem Vater zu befreien. Ich weiß, dass Amando und mein Großvater Feinde hatten. Amando erzählte von Edílios Heldentaten: mit welcher Courage er und sechs Soldaten in der Schlacht am Uaicurapá dreihundert Aufständische besiegt hatten. Andere Berichte dementierten dieses Heldentum, da hieß es, Edílio habe 1839 ein Massaker unter unbewaffneten Indianern und Mischlingen befehligt. Anschließend habe er ein riesiges Gebiet am rechten Ufer des Uaicurapá in Besitz genommen. Ein Überlebender muss die Verbrechen des Oberstleutnants Edílio Cordovil in den Stamm eines uralten Baums geritzt haben. Amando wollte ein Buch schreiben, »Heldentaten eines Zivilisators«, ein Loblied auf seinen Vater, einen der Anführer der Gegenrevolte. Nichts hat er geschrieben, die Frachtkähne nahmen alle seine Energie und Zeit in Anspruch.

Nachdem ich in Vila Bela den Bootsführer und die Bootsmiete bezahlt hatte, blieb mir nur noch wenig Geld. Der einzige Ausweg war, das weiße Palais zu verkaufen, meinen letzten Besitz von Wert. Ich ging zur Pension der Benchayas und sagte: »Salomito, ich will mein Palais verkaufen, wenn du einen Interessenten kennst …«

Salomito dachte, das sei eine Flause, ein plötzlicher Einfall, unüberlegt dahingesagt. Ich versicherte, es sei ernst gemeint. Da wies er mit seinem Patriarchenbart auf einen Tisch und sagte, Becassis suche ein Haus in Vila Bela, in dem er wohnen und eine kleine Parfümerie aufmachen könne. Ein mutiger alter Mann: Er wollte unbedingt Duftöle verkaufen in einer Zeit, die nach Hunger und Zerstörung roch, hier wie in Europa.

Becassis saß zwischen Estrela und Azário, einem merkwürdigen Jungen. Estrela war unnahbar, das lange lockige Haar streifte die Tischkante. Ich betrachtete die aufrechte Gestalt, die zarten Hände, das gut geschnittene Gesicht, das irgendetwas tief in den grauen Augen verbarg. Wie sehr habe ich die Augen dieser Frau bewundert. Ich sah sie zum zweiten Mal, das erste Mal hatte ich sie nur aus der Ferne gesehen. Sie lebte wie eine Einsiedlerin, wollte ihre Schönheit nicht zeigen. Der Alte bemerkte, das ich von Estrela gebannt war. Ich wusste noch nicht, dass sie seine Tochter war, die marokkanischen Juden und die Araber galten als große Frauenhelden, und die älteren Männer heirateten im allgemeinen blutjunge Mädchen. Die Eifersucht in seinem Blick bedeutete nicht Sorge eines Ehemannes, sondern des Vaters. Becassis stand auf und fragte nach dem Haus. Ich sagte ohne besondere Betonung: »Es ist das weiße Palais in der Avenida Beira-Rio.«

Er stellte mir die Tochter und den Enkel vor und wollte das Haus sofort ansehen. Die Frau lächelte, der Junge sah mich schief an und verschränkte die Arme. Ich weiß nicht, ob er mir misstraute. Oder spürte ich selbst etwas, was mich auf Distanz zu ihm hielt? Er sagte nicht guten Tag, aber mich kümmerte das wenig. Das heißt, ich merkte mir Azários ungehöriges Benehmen und ging mit Becassis zum Haus.

Der von Florita gebohnerte Fußboden glänzte. Was nicht glänzte, war ihr Blick. Meine Flor sagte nichts. Becassis war beeindruckt von den hohen Fenstern mit Spitzbogen, der Größe des Salons, der Schlafzimmer und der Küche; er blieb stehen, um die Porzellanbecken und die portugiesischen Azulejos im Badezimmer zu bewundern. Dann ging wir über das Grundstück, und ich sagte ihm, dass dieses Haus eines der wenigen in Vila Bela sei, das eine anständige Sickergrube besitze. Er sah sich alles an: die Obstbäume, den steinernen Brunnen aus der Zeit meiner Mutter, die von Passionsblumenranken überwucherte Holzpergola. Er riss ein Blatt ab, zerrieb es in der Hand und roch daran. Als er nach dem Preis fragte, klang seine Stimme schrill, als wäre es nicht seine eigene.

»Darum kümmert sich mein Anwalt Dr. Estiliano.«

»Auch um den Preis?«

»Vor allem darum.«

»Haben Sie noch eine Immobilie?«

»Land am Ufer des Uaicurapá«, antwortete ich. »Die Fazenda Boa Vida.«

»Gibt es da Pflanzen mit duftenden Wurzeln? Breu-Branco, Breu-Preto?«

»Alles gibt es da«, log ich. Dann sagte ich etwas Wahres, was für mich wichtig war: »Sogar eine notarielle Grundbucheintragung.«

Becassis' hartes, ausdrucksloses Gesicht zeigte keine Regung. Auf der Straße gab ich ihm Estilianos Adresse, dann verabschiedeten wir uns.

Zwei Wochen später teilte Estiliano mir Becassis' Angebot mit. Sehr merkwürdig. Er musste wissen, dass ich von der Hand in den Mund lebte, denn der Preis schloss Boa Vida ein.

»Woher wusste Becassis, dass die Fazenda zum Verkauf stand?«

»Von mir«, sagte Estiliano. »Aber du hast von der Fazenda gesprochen und zu verstehen gegeben, dass du sie verkaufen wolltest.«

»Das ist viel zu wenig Geld für beide«, protestierte ich.

»Becassis ist der Einzige, der zahlen kann. Er will zwei Schuldverschreibungen unterzeichnen, die in Belém eingelöst werden können. Und er hat sich auch bereit erklärt, deine Schiffspassage zu bezahlen.«

Ohne die beiden Anwesen würde ich gar nichts mehr haben. Nur Florita, und die unterstützte ich. Ich überlegte mir einen Plan. Erzählte aber niemandem davon. Das konnte ich nicht erzählen … Ich erklärte mich mit Becassis' Angebot einverstanden, sagte aber zum Anwalt, ich würde die beiden Anwesen nur verkaufen, wenn Florita im weißen Palais bleibe.

»Du willst das Haus verkaufen und Florita verlassen?«, fragte Estiliano.

Florita verlassen? Wie hätte ich sie, die meine Träume las, verlassen können, die Hände, die mein Essen bereiteten und meine Wäsche wuschen, bügelten, stärkten und parfümierten? Ich liebte sie seit dem Tag, als ich sie zum ersten Mal in meinem Zimmer sah: das Mädchen mit dem runden Gesicht, den dicken Lippen und dem glatten, in Topfform geschnittenen Haar, dem weichen, traurigen Blick, der im Umgang mit Amando Gerissenheit und Härte lernte. Florita war auf mich eifersüchtig, weil ich ein einziges Mal mit ihr in der Hängematte geschlafen hatte. Das Spiel, das sie mich gelehrt hatte, indem sie sagte: Mach so, fass hier an, drück meinen Hintern, nein, nicht so, streck die Zunge raus und jetzt leck mich, dieses Spiel, das der Abschied von meiner unschuldigen Jugend war und mir als Strafe die Zeit in der Pension Saturno und Amandos jahrelange Verachtung eingebracht hatte. An all das dachte ich und fragte Estiliano:

»Hat nicht mein Vater, dein Freund, Florita hergebracht, damit sie im Haus arbeitet?«

»Im Haus von Amando Cordovil, aber nicht bei Fremden.«

Ich versuchte Florita davon zu überzeugen, dass ich nach meiner Rückkehr aus Belém ein Haus im Viertel Santa Clara kaufen wollte, in dem wir dann zusammen wohnen würden. In unserem Beisein sagte Becassis, ein Mädchen aus Salomitos Pension werde bei ihm arbeiten.

»Du bekommst eine Familie, bis ich zurück bin«, sagte ich zu Florita.

Vertraulich lächelnd, Zärtlichkeit im Blick, trat sie an mich heran, streifte mit den Lippen meinen Nacken und leckte mich am Ohr, bis es mich erregte. Und dann flüsterte sie hasserfüllt:

»Du wirst mit dem Teufel im Herzen zurückkommen.«

Becassis hörte diese leisen Worte nicht, nahm aber wahr, dass sich mein Gesicht vor Angst gelblich verfärbt hatte. Und die Angst wurde noch größer, als ich auf den Schuldverschreibungen den Namen einer englischen Bank las. Ich dachte an den Kredit, den Bankrott der Firma; bei dieser schlimmen Erinnerung bekam ich kalte Hände. Becassis sah mich besorgt fragend an, als wollte ich das Geschäft platzen lassen.

»Das ist bares Geld«, sagte er und wies auf die Schuldverschreibungen.

»Dieselbe Bank«, dachte ich laut.

»Aber dieses Mal werden sie nichts von dir haben wollen, sondern zahlen«, sagte Estiliano.

Zufällig fiel mein Blick auf Azário und ich wurde wütend. Becassis tadelte seinen Enkel, denn er zog eine Teufelsfratze. Estrelas Antlitz besänftigte mich. Doch die Schönheit dieser Frau minderte nicht meine Sehnsucht nach Dinaura, und die Vorstellung, das weiße Palais zu verlieren, warf mich aus dem Gleis. Becassis schien über den Kauf des Anwesens begeistert. Die Frostigkeit unserer ersten Begegnung war gewichen. Womit ich nicht sagen will, dass der Alte vor mir dahinschmolz, er war nur umgänglicher geworden, ein ehrlicher Käufer. Und auch ein gesprächiger – er erzählte von seinen Plänen und verriet, wie die Parfümerie heißen sollte: Tânger. Er wollte die Parfümerie Bonplant kaufen und Blätter und Wurzeln aus dem Wald von Boa Vida verarbeiten. Er wollte den Duft des Urwalds in ganz Brasilien verkaufen. Und wenn alles gut ging, auch nach Europa exportieren.

Ich steckte die Schuldverschreibungen ein und stellte mir die Flakons mit Duftöl hinten im weißen Palais vor. Als ich mich von Estrela verabschiedete, berührte ich ihre zarte Hand, dann drückte ich diese Hand, ein langer Händedruck, voll heimlicher Versprechen. Und ich vergaß ihren Sohn, merkwürdiger Junge, steifer Körper, für sein Alter zu große Hände.

Estiliano und Florita verstanden meine Stimmung nicht: Ich hatte gerade meine beiden letzten Besitztümer verkauft, war aber nicht niedergeschlagen. Estiliano erkundigte sich, was ich danach machen wollte.

»Danach?«

»Du hast keinen Boden mehr unter den Füßen und kein Dach überm Kopf.«

»Ich habe Florita. Und einen Freund, der der einzige Freund meines Vaters war.«

Er ahnte, dass ich etwas im Schilde führte, und kam mich in der letzten Woche besuchen, in der ich im weißen Palais schlief, bevor ich Becassis die Schlüssel aushändigte und nach Belém reiste. Er schlug mir vor, von dem Geld aus dem

Verkauf zwei Häuser zu kaufen, eines zum Wohnen und eines zum Vermieten.

»Du bist auf dem Weg zu verarmen. Ich möchte keinen Cordovil auf der Straße sehen.«

Da sprach ich ein Thema an, das ihn tief treffen konnte. Ich sagte, in Boa Vida hätte ich in den Papieren gestöbert, die in dem Mandarim-Karton lagen, und dabei entdeckt, dass Amando Cordovil ein Schmuggler gewesen war und Steuern hinterzogen hatte. Wusste Estiliano das?

Er stand auf, und bevor er zur Tür ging, sprach ich weiter: das frische Fleisch und die Paranüsse, die Amando nach Manaus exportierte. Er transportierte die Waren in andere Gemeinden, um in Vila Bela keine Steuern zu zahlen; dann lud er alles auf einer Insel in der Nähe von Manaus ab und unterschlug abermals die Steuern. Er bestach den Finanzbeamten, alle, selbst den Teufel hätte er bestochen.

»Die Politiker haben deinen Vater erpresst«, sagte Estiliano.

»Sie haben mit ihm gemeinsame Sache gemacht«, sagte ich. »Mein Vater unterschlug die Steuern und teilte anschließend den Gewinn mit ihnen. Dann half er dem Bürgermeister, spendierte Fuhrwerke für die Müllabfuhr, Pferde und Ochsen, um sie vor die Fuhrwerke zu spannen, bezahlte Reparaturen im Schlachthaus und Gefängnis, das Gehalt der Gefängniswärter. Dasselbe machte er später mit den Ladungen der Barkassen und der *Eldorado*, er schrieb an den Gouverneur von Amazonas, an einen Beamten des Verkehrsministeriums. Gestorben ist er, weil er eine vorteilhafte Ausschreibung nicht gewonnen hat, die große Ausschreibung vor dem Ersten Weltkrieg: Kautschuk und Mahagoni für Europa. Das hat sein Herz nicht verkraftet, die Geldgier war stärker als das Leben.

»Es ging nicht um Geldgier«, erwiderte Estiliano aufbrausend.

Die laute Stimme erschreckte Florita. Ich selbst war erschrocken über die Unbeherrschtheit des Anwalts. Amandos plötzlicher Tod hatte ihn verletzlich gemacht. Amando hatte keine Zeit gehabt, die Vergangenheit zu tilgen.

»Es ging nicht um Geldgier«, sagte Estiliano noch einmal.

Das verschwitzte rote Gesicht glänzte; er hielt inne, litt wegen seiner Reaktion, die gar nicht seinem Temperament entsprach. Der Schweiß lief ihm vom Kinn und tropfte auf den Fußboden. Er sagte, Amando sei ehrgeizig gewesen, aber gerecht. Florita wisse das, alle wüssten es. Den Fazendeiros sei nur daran gelegen gewesen, Fleisch nach Manaus zu exportieren. Amando sei der Erste gewesen, der Fleisch billig in Vila Bela verkaufte. Die Leute sollten zu essen haben, er wollte, dass alle Fleisch bekamen, aber selbst dafür musste er die Politiker schmieren. Er wollte ein sauberes Gefängnis, mit Essen und Pritschen. »Es ging nicht um Geldgier. Dahinter muss etwas anderes gesteckt haben. Manche Menschen sterben vielleicht aus Geldgier, aber er ...«

»Den Mann habe ich nicht gekannt«, sagte ich brüsk. »Ich habe alle Briefe gelesen, die er erhalten hat.«

»Von diesen Briefen hat er mir nie erzählt«, sagte Estiliano verächtlich.

Estilianos Loyalität gegenüber meinem Vater ging mir auf die Nerven. Bevor er sich verabschiedete, warnte er mich, ich solle nicht das Geld ausgeben, nicht gleich alles in Belém verprassen.

Florita murrte noch, ich hätte das weiße Palais nicht verkaufen dürfen; ich würde es mein Leben lang bereuen.

Floritas Murren traf mich nicht. Ohne mir dessen bewusst

zu sein, verhielt ich mich genau so starrsinnig und brutal wie Amando Cordovil. Ich wollte anders sein, doch ein Schatten meines Vaters steckte in mir, wie ein Kern in einer faulen Frucht. Ich wollte unbedingt die Schale sein, wollte weggeworfen werden, dann würde ich niemandem schaden.

Die *Hildebrand* sollte an einem Samstag in Vila Bela anlegen. Am Freitagmorgen unterschrieb ich die Papiere im Notariat und übergab Becassis die Schlüssel. Danach sagte er, was ich so gern hören wollte:

»Wenn du aus Belém zurück bist, lade ich dich zum Abendessen bei uns ein. Meine Tochter wird sich freuen.«

So gestärkt, umarmte ich Florita und erwartete, dass sie vor Kummer schluchzte. Aber nein. Kein einziges Wort.

Ich ließ alles im Haus: die Möbel, das Geschirr, die Wanduhr, sogar die Batistbettwäsche. Alles, nur nicht die Erinnerung an die Zeit, in der ich dort gewohnt hatte.

Der Kapitän der *Hildebrand* erkannte meinen Familiennamen wieder. Er erinnerte sich an Amandos Reisen nach Belém. Und sagte, ich würde in der Lieblingskabine meines Vaters untergebracht.

Mein Gesicht verriet ihm, dass ich überrascht, vielleicht gar erschrocken war.

»Alle anderen sind besetzt«, sagte er.

Ich reiste in der Kabine, in der mein Vater geschlafen hatte. Und die Erinnerung an ihn verfolgte mich flussabwärts bis Belém. Die Gespräche an Bord drehten sich nur um Katastrophen. Als wäre es ein Schiff voller Schiffbrüchiger. Auf der Höhe von Breves musste ich an das Unglück der *Eldorado* denken, und fast gleichzeitig fiel mir ein Versprechen ein. Amando hatte es mir einmal gegeben, als er von einer Reise nach Belém zurückkehrte. Er betrat das weiße Palais mit erfreuter, triumphierender Miene, und anstatt von den Lastkähnen und der Firma zu sprechen, zählte er Beléms Schön-heiten auf: die Altstadt Cidade Velha, den Hafen Porto do Sal, das Grande Hotel, die Villen, Kirchen und prächtigen Plätze. Und das Meer. Das Meer, vermischt aus dem Ama-zonas und dem Atlantik. Da wollte ich diese Stadt kennen lernen. Er versprach, die nächste Reise würden wir gemein-sam machen, aber er fuhr allein. Als er zurückkam, hatte er sein Versprechen schon vergessen.

Das Grande Hotel war ein prachtvolles Gebäude. An der Rezeption fragte ein alter Portier, ob ich ein Verwandter von Amando Cordovil sei. »Der Sohn«, antwortete ich. Er pries die Güte und die Trinkgelder seines Gastes und fragte, wo er sich gerade befinde. »Im Grab«, sagte ich.

»Der arme Doktor Cordovil«, jammerte der Alte. »Er hat nie gesagt, dass er einen Sohn hat. Er ist immer zum Cemi-tério dos Ingleses gegangen und hat ein Grab eines Verwand-ten besucht.«

Die Gebeine meines Großvaters waren in Vila Bela be-stattet. Von meiner Großmutter und anderen Verwandten wusste ich nichts. Die Neugier trieb mich zum Friedhof. Ich ging auf dem kleinen Gottesacker umher und las Inschrif-ten auf Grabplatten aus Carraramarmor. Es war Mittagszeit; kaum hatte ich mich auf eine Steinbank gesetzt, fing es an zu regnen. Und was zum Teufel wollte ich hier? Ein Konter-fei zog meinen Blick auf sich. Das Abbild eines Toten. Ich ging näher heran: Cristóvão A. Cordovil, bei einem Schiffs-unglück vor der Küste von Britisch Guyana ums Leben ge-kommen. Der Name des Schiffs war offenbar mit meinem Schicksal verknüpft: *Eldorado*. Der Name und auch das Ge-sicht dieses Cordovil: kantig, vorspringendes Kinn, buschige Augenbrauen. Wie konnte er tot sein, wenn er mich mit demselben Blick wie mein Vater ansah? Ich bekam Angst, in eine Falle zu gehen, für die Schuldverschreibungen kein Geld zu bekommen. Mit diesem bösen Gefühl verließ ich den Friedhof. Amando war nirgends, schien mich aber zu verfolgen.

Ich ging zum Grande Hotel, um mich umzuziehen und den Regen abzuwarten. Später in der englischen Bank überreichte ich dem Leiter die beiden Schuldverschreibungen. Er ließ sich meinen Ausweis zeigen; außerdem überreichte ich ihm einen Brief, den Becassis auf Verlangen von Estiliano verfasst und unterschrieben hatte. Ich war erleichtert, und als ich das Päckchen mit dem Geld in Händen hielt, lachte ich über mein böses Gefühl. Jetzt konnte ich mich so vergnügen, wie Amando es mir immer verboten hatte. Und konnte Geld ausgeben, ohne von einem Vater oder Vormund kontrolliert zu werden. Ich amüsierte mich im Café da Paz und den Kneipen der Cidade Velha; lernte Mestre Chico und andere Nachtschwärmer kennen und Musiker, die auf Flöte, Gitarre, Geige und Cavaquinho Toadas und Modinhas spielten und dazu sangen. Ich bezahlte die nächtlichen Zechen und den Eintritt zu den Operetten der Truppe Chat Noir im Teatro Moderno am Largo Nazaré. Den Tag begrüßten wir im Hafen. Dann mietete ich ein Boot und sah zum ersten Mal das Meer. In dem Geschäft Paris n'América kaufte ich Schweizer Organdi sowie italienische und französische Seidenstoffe. Geschenke für Estrela, die Tochter von Becassis, aber es war, als wären sie für Dinaura bestimmt. Als ich die zweite Schuldverschreibung einlöste, kaufte ich Kleider und Schuhe für Florita und mich; in der Buchhandlung Alfacinha erstand ich einen ganzen Karton französischer Bücher für Estiliano. Mir wurde übel vom vielen Kaufen, Geldausgeben, Feiern, dem Essen und Trinken in den besten Restaurants. Über zwei Monate lebte ich so, das gleiche nichtsnutzige Leben, wie ich es in Manaus geführt hatte, bevor ich Dinaura kennen lernte. Ich konnte sie nicht vergessen, hatte aber wenig Hoffnung, sie zu finden.

Im Hotel fragte ich den alten Portier, wie viel Trinkgeld mein Vater ihm zu geben pflegte. Nicht der Rede wert. Ich wollte ihm das Zwanzigfache geben. Als ich den Geldbeutel öffnete, überlegte ich es mir anders – das Zehnfache reichte, doch am Ende gab ich ihm fünf Pfund Sterling. Und siehe da: Das Gesicht des Alten wurde vor Freude nass. Die Nachricht, ich sei reich und großzügig, sorgte im Hafen für Aufregung. Und als mir die Händler auf dem Markt Ver-O-Peso Duftessenzen aus Pará anboten, dachte ich an die Parfümerie Tânger und an die Begegnung mit Estrela. Wie konnte ich sie heiraten, wenn ich die ganz Zeit an Dinaura dachte? Mit diesem Gedanken und etwas Geld reiste ich nach Vila Bela. »Du wirst mit dem Teufel im Herzen zurückkommen.« Floritas Worte waren beängstigender als Estilianos Warnungen. Denn meine Flor kannte die beiden Männer ihres Lebens: meinen Vater und mich. Estiliano kannte nur eine Seite von Amando, und wegen dieser Seite idealisierte er den ganzen Mann und seine Seele.

Ist die Vorahnung nicht mitunter stärker als der Verstand? Als ich in Vila Bela von Bord ging, packte ein Träger mein gesamtes Gepäck auf einen Karren. Bevor ich Estiliano besuchte, wollte ich Becassis' Tochter die Schachteln mit den Stoffen bringen. Mir fiel ein, dass ich nichts für Azário gekauft hatte. Der Bengel beunruhigte mich. Irgendetwas an ihm erinnerte mich an meinen Vater. Ich beschloss, es mit Azário aufzunehmen, und begleitete den Träger zum weißen Palais. Dort ging ich um das ganze Haus herum, bis hinten aufs Grundstück, doch ich roch keine parfümierten Öle, überhaupt keinen Duft. Vielmehr roch es nach Pferdeäpfeln und Kuhmist. Wo waren die Bewohner? Der Träger wusste es nicht. Und Florita?

»Treibt sich hier irgendwo herum.«

»Geh sie suchen.«

Ein merkwürdiger Anblick, die verschlossene Fassade des Hauses. Die Becassis sind bestimmt nach Boa Vida gefahren, dachte ich. Doch als ich Florita einen Bauchladen auf Holzrädern vor sich herschieben sah, wurde mir klar, dass sie nicht mehr im weißen Palais wohnte.

Sie erzählte, es gebe überhaupt keine Parfümerie. Eine Woche nach meiner Abreise hatte Becassis die beiden Anwesen an die Familie Adel verkauft. Am Tag darauf musste Florita das Haus verlassen. Estiliano hatte im Hafen Santa Clara ein winziges Zimmer für sie gemietet. Und Leontino Byron hatte ihr einen Bauchladen besorgt, damit sie Maniokküchlein und Frischkäse verkaufen konnte.

»Zwei Freunde deines Vaters haben mich von der Straße geholt«, sagte Florita wütend. »Selbst im Tod hilft er mir noch. Und was haben sie mit dir gemacht?«

Ich stand auf der ungepflasterten Straße zwischen einem Karren voller Schachteln und einer gedemütigten Frau. Ich gab Florita meine Geschenke und sagte, wir könnten für ein paar Tage zu Estiliano gehen. Sie legte die Schachteln auf ihren Bauchladen und ging wortlos davon.

Starrsinn ist eine Dummheit, die unser Leben zerstören kann. Ich war starrsinnig und arrogant gewesen, als ich Floritas Prophezeiung missachtete. Darüber dachte ich nach, als ich zu Fuß unterwegs zur Lagoa da Francesa war. Estiliano nahm sein Mittagessen an der Tischmitte ein; rings um den Teller aufgeschlagene Bücher. Er kaute, trank und machte eine Pause, um in einem der Bücher zu lesen. Als er mich erblickte, legte er den Löffel beiseite und lud mich zum Essen ein. Ich lehnte ab, legte die französischen Bücher auf den Tisch, er lachte vor Freude. Ich sagte, Becassis und Adel seien Betrüger und ich wolle wissen, was hinter dem ganzen Schwindel stecke.

»Wieso Schwindel? Das sind Geschäfte. Du verstehst davon nichts. Horadour Bonplant wollte seine Parfümerie dann doch nicht verkaufen. Ich selbst habe mit ihm gesprochen, aber der Franzose wollte ein Vermögen haben. Er hat den Preis wöchentlich erhöht, bis Becassis böse geworden ist und beide Anwesen an Genesino Adel verkauft hat.«

»Das glaube ich nicht«, sagte ich zu Estiliano.

»Geh zur Parfümerie und frag Bonplant …«

»Amando«, fiel ich ihm ins Wort. »Welche Rolle spielt er in dieser Geschichte?«

»Was willst du damit sagen?«

»Azário, Estrelas Sohn. Der Junge, genauso mürrisch wie Amando. Die gleichen großen Hände, der gleiche Blick wie der meines Vaters.«

»Du hast nur Phantasien im Kopf, Arminto. Und in der Tasche, ist da noch Geld übrig? Nichts ist mehr da, stimmt's? Du hast das weiße Palais und Boa Vida verloren. Alles hast du verloren.«

Er erhob sich, ging um den Tisch herum und schlug die Bücher zu.

»In einer Zeit wirtschaftlicher Blüte wäre das lediglich Verschwendung«, sagte Estiliano. »Aber in diesen Notzeiten ist es Selbstmord.«

»Ich bin im besten Hotel von Belém abgestiegen, wollte meine Sehnsucht nach Dinaura stillen, habe hemmungslos geschwelgt. Mein Vater hat dem Portier mit keinem Wort gesagt, dass es mich gibt. Ich habe mich gerächt …«

»Gerächt? Was gibt es schon nach dem Tod?«, fragte er.

»Jetzt müssen wir nach einer Unterkunft für dich suchen, deiner letzten Bleibe.«

Von dem restlichen Geld habe ich mir diese Bruchbude gekauft. Genesino Adel hat mir nicht einmal die Möbel und Sachen aus dem weißen Palais zurückgegeben. Er hat meinen Großvater gehasst. Erst in dieser Zeit habe ich erfahren, dass Edílio Cordovil eine Portugiesin missbraucht hatte, die Mutter von Genesino, eine der vielen Bräute, die Edílio hat sitzen lassen. Salomito Benchaya hat mir das erzählt, als ich auf einen Schluck in der Markthallenkneipe war. Genesinos Mutter war nicht die Einzige, hat Salomito gesagt. Es heißt, dass mein Großvater sich verlobte, die Heirat versprach, die Verlobte sitzen ließ und sich das nächste Mädchen suchte.

Wahrscheinlich hat Amando es genauso mit Becassis' Tochter gemacht. Falls Florita davon wusste, hat sie sich dafür entschieden, den Mund zu halten. Schlimmer war ihre Entscheidung, nicht mit mir zusammenzuwohnen. Ich musste lernen, ohne die Flor meiner Kindheit und Jugend zu leben.

Besorgt wegen meiner Einsamkeit, kam Estiliano gelegentlich auf einen Schwatz. Über sein Leben sprach er nicht, es gibt Menschen, die nehmen ihre Geheimnisse mit ins Grab. Doch eines Tages gestand er, dass der Tod meines Vaters ihn tief erschüttert habe; und dass sie geplant hatten, zusammen nach Paris zu reisen.

»Nur ihr beiden?«

»Ja.«

Bei anderen Besuchen sprach er über die Bücher, die ich in Belém gekauft hatte. Er sagte, der späte Nachmittag inspiriere ihn, beunruhige ihn aber auch, und um diese Tageszeit verspüre er ein absurdes Leidensverlangen. Er trank zwei Flaschen Rotwein, und bevor es dunkel wurde, las er Gedichte von Cesário Verde und Manuel Bandeira. Ziemlich betrunken ging er dann und sagte mit seiner heiseren, tiefen Stimme: »Das Leben vergeht, vergeht, und es endet die Jugend …«

An einem Samstag schleppte er mich zum literarischen Abend an die Lagoa da Francesa. Estiliano ließ kein Buch im Regal verschimmeln. Als er hierher zog, brachte er aus Manaus eine Bibliothek mit, dass die ganze Stadt staunte. Frühmorgens ging er zum Hafen Santa Clara und kehrte zum Lesen zurück. Samstags trug er Gedichte vor und servierte den wenigen Lesern von Vila Bela Wein und Balsampflaumenlikör. Er sagte immer: »Wenn ich aufhöre zu arbeiten, will ich nichts mehr wissen von Gesetzen, Paragraphen und dergleichen. Nur noch lesen.« Als ich ging, hatte ich so große Sehnsucht nach Dinaura, dass ich nie mehr an einem literarischen Abend teilnahm. Er zeigte mir das Buch, aus dem er das Gedicht abgeschrieben hatte, das ich Madre Caminal schickte, und las Gedichte von brasilianischen und portugiesischen Lyrikern vor sowie von einem sehr modernen Franzosen, der Liebesgedichte geschrieben hatte, während er im Ersten Weltkrieg kämpfte. Die Verse heizten das Verlangen nach meiner Geliebten noch mehr an. Als Estiliano endete, sagte ich fast tonlos: »Das ist Folter.«

»Das ist unser Leben, wenn es schiefgeht«, korrigierte er mich. »Aber das können nur Dichter ausdrücken.«

Eine Zeit lang kam Estiliano mich noch besuchen, und in unseren Unterhaltungen vermieden wir, über Amando, die Frachtkähne, die Vergangenheit zu sprechen. Er ließ Bücher da, für deren Lektüre ich sehr lange brauchte, denn ich hielt mitten in einer Seite inne und dachte an Dinaura, oder aber ich schlug eine beliebige Seite auf und da war meine Geliebte, getarnt mit einem anderen Namen, einem anderen Leben.

Ich weiß noch, dass er damals mit der Übersetzung eines griechischen Gedichts begann und mir sogar die erste Hälfte seiner Übersetzung gab. Dann hat er lange keinen Fuß hierher gesetzt, seit dem regnerischen Nachmittag, an dem er über seine Lieblingsdichter sprach, ihre Verse deklamierte und ich, während er in einem Buch blätterte, auf den Fluss blickte und weinte.

»Ich habe dich nie wegen eines Gedichts weinen sehen«, sagte Estiliano.

»Ich weine nicht wegen der Worte. Ich weine vor Sehnsucht nach einer Frau, die du hasst. Die spanische Nonne hat gelogen … Irgendjemand hat mich belogen.«

Er steckte die Bücher in seine lederne Aktentasche, stand auf und sagte, ich müsse eins begreifen: leidenschaftliche Liebe sei so rätselhaft wie die Natur. Wenn jemand sterbe oder verschwinde, sei das geschriebene Wort der einzige Trost.

Ich wollte Estiliano zum Teufel jagen, ihn mitsamt dem geschriebenen Wort und allen Gedichten der Welt, doch er war schon draußen, und ich leckte meine Tränen. Ich bin nie wieder zu ihm gegangen, nicht einmal, um ihn um Geld zu bitten. Ein paar Jahre später, als vier Touristen aus São Paulo nach Vila Bela kamen, habe ich etwas Geld verdient. Drei Frauen und ein Mann. Ein Schriftsteller. Die Frauen waren elegant und hochnäsig, alle schwarz gekleidet und die ganze Zeit schweißgebadet. Eine große Aufregung, die Männer wichen den feinen Damen nicht von der Seite. Der Schriftsteller redete mit allen: Indios, Mischlingen, Handwerkern und Liederkomponisten. Und schrieb sich unermüdlich die Namen von Pflanzen und Tieren auf. Er aß alles, sogar gebratenen Piranha. Die vier Fremden wurden vom Bürgermeister empfangen und vom Stadtrat geehrt. Bei dem Abendessen, das Genesino Adel gab, war Estiliano der einzige Gast, der etwas über den Schriftsteller wusste. Die Frauen staunten so sehr über das weiße Palais, dass Estiliano von mir und den Cordovils erzählte. Am Tag darauf kamen die Paulistas mich besuchen. Ein Haufen Leute versammelte sich vor der Tür, selbst Florita wollte die Fremden sehen. Ich erzählte ihnen, dass ich das weiße Palais geerbt hatte, aber nun hier wohnte. Sie wollten die Hütte näher ansehen und gingen, bedrückt von so viel Armut, wieder hinaus. Dann zeigte ich ihnen die Organdi- und Seidenstoffe vom Paris n'América. Ich wollte alles verkaufen, um jeden Preis. Sie kauften. Eine Frau, die älteste, fragte, wem ich so wunderbare Stoffe hatte schenken wollen.

»Meiner geliebten Dinaura.«

»Ist sie tot?«

»Nein, sie ist hier irgendwo, in einer verzauberten Stadt. Aber eines Tages kommt sie zurück. Wenn Sie diesen Namen hören, ist es sie, auf der ganzen Welt gibt es keine zweite.«

Die drei Frauen sahen mich an, als wäre ich geisteskrank, aber ich war es schon gewohnt, dass man mich so ansah.

Einen Teil des Geldes habe ich Florita geschenkt, und etwas habe ich für schlechtere Zeiten zurückgelegt. Dann bin ich mit den Tagen durcheinandergekommen, wusste nicht mehr, welches Datum wir hatten, wartete nur auf ein Wunder. Meine Stimmung wechselte: heute Hoffnung, morgen Hoffnungslosigkeit. Die Bäume dort hat Florita gepflanzt. Ab und zu brachte sie geschmortes Fleisch mit Igelgurke und Reis mit Jambublättern in Tucupisauce, Köstlichkeiten, die sie früher im weißen Palais gekocht hatte. Sie sagte, ich sei von Sinnen, weil ich so viel an Dinaura denke, sie könne es nicht ertragen, mich so zu sehen, abgestumpft, mit einem Gesicht wie ein trauriger Frosch. Sie servierte mir mein Mittagessen, pflückte Früchte auf dem Grundstück, und wenn es fünf Uhr schlug, blieb sie bei mir, nur um meine Unruhe zu spüren und zu sehen, wie es mich aufregte. Dann schimpfte sie: »So lange ist es schon her, und du träumst noch immer von dieser Undankbaren.« Danach ging sie. Eifersüchtig und stolz schob sie ihren Bauchladen. Ich habe ihr nie wieder Geld gegeben, sie aber auch um keinen Centavo gebeten. Wir waren jetzt ebenbürtig.

Eines Vormittags, als sie gerade hier war, kam ein Junge und überbrachte eine Papierrolle. Seu Genesino Adel schickt das, sagte er.

Ich entrollte sie und erblickte ein Foto meiner frisch verheirateten Eltern. Ich riss das Papier in der Mitte durch, gab Florita Amandos Gesicht und hängte das Bild meiner Mutter Angelina an die Wand des einzigen Schlafraums dieser Hütte. Noch zwei Jahre habe ich gewartet, bevor ich zum weißen Palais gegangen bin. Das war, als Genesino Adel das Palais dem Gericht verkauft hat. Das Haus habe ich nicht betreten, ich bin von hinten aufs Grundstück gegangen, wollte nur die Skulptur vom Kopf meiner Mutter im Brunnen sehen. Ich küsste die steinernen Augen, küsste das von der Sonne gewärmte Gesicht und bat den Richter mir zu erlauben, den Kopf zu mir in mein Zimmer zu nehmen. Er verweigerte es mir. Ich schwor, ich würde nie mehr das weiße Palais betreten. Dann warf ich einen letzten Blick auf das steinerne Gesicht und bat meine verstorbene Mutter mir zu helfen, Dinaura zu finden.

Ich kaufte mir ein großes Boot, legte am Hafen an und offerierte Passagieren der Booth Line Ausflugsfahrten. Als dann die *Hilary* den Liniendienst Liverpool-Manaus aufnahm, erhielt ich dicke Trinkgelder. Ein Koloss von Schiff, weit größer als die Schiffe der Hamburg-Süd. Auf den Ausflugsfahrten sahen wir Silberreiher auf dem Rücken von Wasserbüffeln, und mitunter flog eine Harpyie über einen See mit schwarzem Wasser. Eine Gruppe Touristen wollte Indianer sehen. Ich sagte: »Da müssen Sie sich nur die Bevölkerung der Stadt ansehen.« Einer insistierte: »Echte Indianer, nackte.« Da bin ich dann mit ihnen zur Indianersiedlung meiner Kindheit gegangen und habe ihnen die letzten Überlebenden eines Stammes gezeigt. »Wenn Sie mit ihnen sprechen möchten, ich kenne eine Dolmetscherin«, sagte ich und dachte an Florita. Sprechen wollten sie nicht, nur fotografieren. Und dann fragte ich, ob sie die Leprakranken auf der Insel Espírito Santo sehen wollten, und ein Tourist sagte nein, ein knappes, entschiedenes Nein. Zum Abschluss zeigte ich ihnen die Außenansicht des weißen Palais und sagte, das Haus habe meiner Familie gehört. Dann erzählte ich von Dinauras Verschwinden, aber ich nehme an, sie haben mir nicht geglaubt, mich eher für verrückt gehalten. Der Zugang zum Restaurant und den Salons der *Hilary* wurde mir untersagt, der ganze Luxus einer Epoche endete in einer bitteren Erinnerung.

Als ich eines Tages im Durcheinander der Ausschiffung ein englisches Ehepaar zu einem Ausflug auf dem Rio Macurany überreden wollte, hörte ich laut klagende Rufe: *Beijus fresquinhos ...* Florita pries ihre frischen Maniokküchlein an, als verstünden die Engländer Portugiesisch. Sie verkaufte kein einziges. Das englische Paar entschied sich für ein anderes Boot, und ich bekam kein Trinkgeld. Als die *Hilary* tutete, winkten die Passagiere zum Abschied und warfen Münzen in die Einbäume der Indios.

»Wäre ich jünger, würde ich von hier weggehen«, sagte Florita.

»Wohin?«

»In eine andere Welt.«

Die Maschinen des Dampfers lärmten, der Rauch verdüsterte den Himmel, die Kanus entfernten sich. Und der verwaiste Hafen, die Stille am Kai, das machte mich schwermütig. Ich blickte zu Boden und sah Floritas Füße. Angeschwollen, erdverdreckt, auch die Beine geschwollen. Ihr Gesicht verbarg nicht mehr ihr Alter. Ich legte ihr die Hände um den Kopf und sagte, mein Plan sei gewesen, Estrela zu heiraten, nur um nicht das weiße Palais zu verlieren. Ein Plan, der nicht habe aufgehen können, weil ich Dinaura liebte. Aber gegen Becassis und Adel hätte ich keinen Verdacht gehabt. Hatte sie wirklich geglaubt, dass die beiden mich betrügen würden?

»Ich weiß jedenfalls, dass alle mich betrogen haben«, sagte Florita.

Sie ertrug es nicht mehr, den ganzen Tag ihre Küchlein für fast nichts zu verkaufen. Früher bekam sie im Schlachthaus ein Stück Fleisch mit Knochen geschenkt, heute nicht mal mehr das. Sie legte die Hände auf den Rücken und murmelte: »Der ganze Körper schmerzt mir, Arminto.«

Ich schob ihren Karren hierher, wir setzten uns in den Schatten des Jatobá. Wir aßen Maniokküchlein, tranken etwas Tarubá und dachten an die Abende in meiner Kindheit zurück, wenn mein Vater in Manaus oder Belém unterwegs war und Florita die Geschichten übersetzte, die wir bei den Indios gehört hatten. Als wir dann am frühen Abend am Ufer des Amazonas entlanggingen, dachte ich an die Frau, die Tapuia, die zu ihrem Geliebten auf dem Grund des Flusses wollte. Der denkwürdige Himmel fiel mir ein, mit einem Regenbogen, der wie eine Schlange im Weltraum aussah. Erinnerte Florita sich noch an jenen Nachmittag?

Sie ging ins Wasser und sagte, den Rücken mir zugewandt: »Das hat die Frau gar nicht gesagt.«

»Aber sie hat in der *língua geral* gesprochen, und du hast es übersetzt.«

»Ich habe falsch übersetzt, Arminto. Alles ausgedacht.«

»Ausgedacht?«

»Hätte ich denn einem Kind sagen können, dass die Frau sterben wollte? Sie hat gesagt, ihr Mann und ihre Kinder seien am Fieber gestorben und sie gehe zum Sterben in den Fluss, weil sie nicht länger in der Stadt leiden wolle. Die Mädchen vom Carmo, die kleinen Indiomädchen, die haben es verstanden und sind weggelaufen.«

»Erst jetzt erzählst du das. Warum erst jetzt?«

»Weil ich jetzt fühle, was die Frau gesagt hat. Deshalb.«

Sie kam aus dem Wasser, stieg die Böschung hinauf und ging bis zur Ribanceira. Sie sammelte die Blüten der Cuiarana auf und setzte sich genau dorthin, wo meine einzige Liebesnacht mit Dinaura stattgefunden hatte.

»Du hast noch ein paar glückliche Tage erlebt«, sagte sie, ohne mich anzusehen. »Wer das nie gehabt hat, verdient der zu leben?«

Floritas Stimme machte mir keine Vorwürfe, wollte mir keine Schuldgefühle machen. Und sie klang auch nicht nach Bedrohung. Ich bedrängte sie noch einmal, sie solle ihren Stolz ablegen und zu mir ziehen.

»Lebst du denn da allein? Du lebst mit einem Gespenst.«

Bevor sie ging, schenkte Florita mir ein Flussdelfinauge.

»Das linke Auge des *Boto*, für deinen Wunsch«, sagte sie.

Ich bedankte mich und steckte das Auge in die Hosentasche.

Immer wenn die *Hilary* anlegte, begegneten wir uns und versuchten beide, an den europäischen Passagieren etwas Geld zu verdienen. Wenn sie Oyama bei mir sah, ließ sie ein paar Maniokküchlein da und ging weg. Die Japaner hatten Leben in die Stadt gebracht; sie bauten dicht am Amazonas, genau da, wo der Paraná do Ramos einmündet, eine Siedlung mit japanischen Häusern. Am Rio Andirá, im Gebiet der Saterés-Maués, gründeten sie weitere Siedlungen, großartige Landwirte sind sie. Sie pflanzten Reis, Bohnen und Mais und brachten es tatsächlich fertig, Jute anzubauen. Oyama war da drüben an der Ecke stehen geblieben und hatte mit einer Kopfbewegung gefragt, wie der Baum heißt, der so viel Schatten spendet, und ich hatte Jatobá gesagt. Ich gab ihm Obst aus dem Garten und Pflanzenableger, und dann fingen wir an, uns zu unterhalten. Das heißt, ich sprach kein Japanisch und er kein Portugiesisch. Er fragte etwas, und ich sagte ja; ich fragte etwas, und er erwiderte lachend. Manchmal schwatzte ich drauflos, und er gab Schnalzlaute von sich. Im Grunde war das gut, denn keiner verstand, was der andere sagte. Sehr freundlich, dieser Oyama. Er brachte mir einen Fisch, auf japanische Art zubereitet, und ich habe mich daran satt gegessen. Dann verneigte er den Kopf, verabschiedete sich und ließ sich nie wieder blicken.

Dann bin ich nicht mehr in den Hafen gegangen, denn viele junge Leute aus Vila Bela waren Bootsführer oder hatten Kanus. Sie veranstalteten ein Höllengeschrei, um die Aufmerksamkeit auf sich zu lenken; dann amüsierten sie die Passagiere der *Hilary* mit lustigen Grimassen, machten ein flehentliches Gesicht und fuhren mit den Touristen im Kanu spazieren. Und ich, alt geworden, blieb übrig. Da habe ich mich von den Menschen zurückgezogen. Ich suchte Stille. Keine Stimmen, nur meine, für mich allein. So konnte ich über Dinauras Schweigen nachdenken. Steckte hinter dem Schweigen etwas Unheilvolles? Kein Wort, kein Laut, die Stille wurde mächtiger und bedrohlich wie ein Messer, das meinen Frieden zerschlug. Frühmorgens, wenn die Sonne noch mild war, ging ich los, zur Ribanceira, und lehnte mich an den Baumstamm, den Stamm der Cuiarana, die uns an einem verregneten Abend der Lust Schutz geschenkt hatte. Cuiarana, ein Baum mit wunderschönen Blüten, dicken Blütenblättern, nichts Blasses: gelbe, rosa, fast rote Blüten. Sie duften so stark wie Rosen. Und die Frucht ist so groß und schwer wie ein Menschenkopf. Wenn sie herunterfällt und auf dem Boden liegen bleibt, riecht sie modrig, verdorben. Nicht einmal Schweine fressen sie. Am späten Nachmittag, wenn ein Regenschauer fiel, legte ich mich auf die Blüten und dachte an den Abend zurück. Und jedes Jahr im Juli, am 16. Juli, dem Festtag zu Ehren der Schutzheiligen, erinnerte ich mich an den Tanz, sah Dinauras Körper neben der Tänzerin vom Quilombo Silêncio do Matá wirbeln. Etwas war jetzt anders. Das Fest endete um Mitternacht. Oder sogar später. Ich hörte die Stimmen der Büßerinnen, die Klänge der Musiker, anderer Musiker, hörte Frauen in der Dunkelheit lachen; ich hörte das Geräusch von heimlich hastenden Schritten, sah ein festgemachtes Boot schaukeln, dann hörte ich wieder Lachen und lustvolles Flüstern. Die wundervolle Verzückung über den Höhepunkt. Und ich zitterte vor Sehnsucht. Am Vormittag eines 17. Juli kam mir der Gedanke, mit Madre Caminal zu sprechen, und sofort ging ich los, quer über die Praça do Sagrado Coração de Jesus, und sah Festwimpel im Pavillon, Guaraná- und Bierflaschen auf der Erde, die Bühne leer, die Asche vom Feuerhaufen; zum Glück sah ich nicht Iro, den Unglücksboten. Und das ließ mich hoffen. Sekundenlang hatte ich das Gefühl, ich würde nicht die Direktorin antreffen, wohl aber Dinaura. Ich öffnete die Pforte, sah eine Gruppe Mädchen im Garten Federball spielen; etwas war jetzt anders, denn diese Waisenmädchen arbeiteten nicht mehr am Vormittag. Ich sah zwei Nonnen, die jüngere eine Novizin. Sie wunderten sich über den Anblick eines Mannes in alter Kleidung und mit traurigen Augen im blassen Gesicht. Ein Mann mittleren Alters, der die Direktorin sprechen wollte. »Madre Caminal«, sagte ich. »Unsere verehrte Joana Caminal? Sie ist in Spanien, Senhor«, sagte die Novizin. »Sie hat uns vor sechs Jahren verlassen. Unsere verehrte Madre Caminal wollte in Katalonien sterben, aber sie lebt noch.« – »Sie hat sich gar nicht von mir verabschiedet«, sagte ich verärgert. Die Nonnen sahen mich verständnislos an. Dann zogen sie sich zurück, fassten die Waisenmädchen an den Händen, bildeten einen Kreis, sangen, sprangen über ein Seil. Welch Lebendigkeit. Wie viel Freude vor dem Gotteshaus. Von meiner Geliebten keine Spur. Der Dämon Sehnsucht begleitete mich hierher zurück. Wenn ich nach dem Mittagessen einnickte, wachte ich von einer Stimme auf, die mich fragte, ob es wirklich ich selbst war, damals im Regen, lachend oder weinend, die Hände voller Blüten. Ein Sänger von der Insel hat sogar ein inzwischen vergessenes Lied komponiert: »Die verzauberte Frau«. Es erzählt Dinauras Geschichte, ihr Leben als unglückliche Königin auf dem Grund des Flusses. Das ist nun Jahre her, da bin ich zum letzten Mal durch die Stadt gegangen.

Die Traurigkeit, die ich an diesem Nachmittag empfand, begann schon am Morgen. Ich pflückte rosa Jambofrüchte, da erschien ein Mann. Er schob ganz langsam Floritas Bauchladen und blieb da drüben an der Straßenböschung stehen. Ich ging nachsehen, was er wollte, und sah meine Flor auf dem Karren liegen.

»Schläft sie in der Sonne?«, fragte ich.

Der Mann nahm den Hut vom Kopf und sagte: »War heute früh tot.«

Er war ein Nachbar von Florita.

Sie ist ganz plötzlich gestorben, so wie Amando. Sie wurde in einer Kapelle der Kameliterkirche aufgebahrt, aus Respekt gegenüber meinem Vater. Ich weinte wie sonst nur vor der Familiengruft. Die letzten Tränen meines Lebens. Mit Floritas Tod ist die Verbindung zur Vergangenheit abgerissen. Ich allein war nun Vergangenheit und Gegenwart der Cordovils. Und ich wollte für Leute meiner Sippe keine Zukunft. Mit diesem alten Männerkörper wird alles zu Ende gehen.

Sonntags legten mir Ulisses Tupi und Joaquim Roso einen Fisch vor die Tür. Ich salzte und trocknete ihn; das war mein Mittagessen, mit viel Maniokmehl, um den Bauch zu füllen, und einer Banane, die ich mir aus dem Garten holte. Sollte es so bis zu meinem Ende bleiben? Doch mein Leben nahm noch einmal eine andere Wende. Und warf mich aus dem Gleis. Der Zweite Weltkrieg erreichte uns. Und zum ersten Mal besuchte ein Staatspräsident Vila Bela. Die ganze Stadt ging ihm auf der Praça so Sagrado Coração applaudieren. Selbst die Toten waren anwesend. Ich, der ich nur für Dinaura lebte und für sie hätte sterben können, setzte keinen Fuß vor meine Hütte. Präsident Vargas sagte, die Alliierten brauchten unseren Latex und er und alle Brasilianer würden alles tun, um die Achsenmächte zu besiegen. Da kamen Tausende von Männern aus dem Nordosten zum Arbeiten in die Kautschukbaumgebiete. Gummisoldaten. Auf den Flüssen von Amazonien fuhren wieder Frachtkähne; sie brachten den Kautschuk nach Manaus und Belém, und dann transportierten Wasserflugzeuge ihn weiter nach Amerika. Träume und Verheißungen kehrten ebenfalls zurück. Das Paradies lag hier, am Amazonas, hieß es. Tatsächlich existiert hat – und das werde ich nie vergessen – ein Schiff namens *Paraíso*. Es legte da unten an der Böschung an. An Bord über hundert Männer aus den Kautschukbaumgebieten am Rio Madeira, fast alle vom Räuchern des Latex erblindet. Dort, wo früher das Indianerdorf lag, ließ der Bürgermeister den Wald roden und Baracken bauen. Und es entstand ein neuer Stadtteil: Cegos do Paraíso, Die Blinden aus dem Paradies. Andere Gummizapfer besetzten das Ufer der Lagoa da Francesa und des Rio Macurany und gründeten Palmares. Aber ich blieb unter diesem Dach. Wenn die Wasserflugzeuge über Vila Bela hinwegflogen, dachte ich an Dinaura, an ein Leben mit ihr an einem anderen Ort. Ich sprach mit ihr, stellte mir dabei vor, sie wäre bei mir. Und ich sagte laut, dass ich sie finden würde und dass wir beide fortgehen würden. Meine Phantasie reiste flussabwärts bis zum Meer, und das machte mich zornig. Dieser Gedanke: Der Körper ist an einen Ort gebunden, doch die Gedanken sind frei, die Phantasie beflügelt … Dieser Körper lebt weiter. Ich habe das von Estiliano übersetzte griechische Gedicht abgeschrieben, und ich habe es so oft gelesen, dass ich ein paar Zeilen auswendig gelernt habe: »Ich gehe fort an einen anderen Ort, es findet sich eine bessere Stadt. Wohin ich schaue, was auch mein Auge erblickt, ich sehe nur Elend und Verwüstung.« Während ich diese Worte sprach, schaute ich auf den Wald und den Fluss und dachte an die Bitte, die ich an meine Mutter Angelina gerichtet hatte. Wen sonst kannte ich noch? Cordovil war bloß ein Name, an den sich niemand erinnerte. Die ältesten Einwohner der Stadt waren tot und begraben. Ulisses Tupi und Joaquim Roso waren nur großherzige Leute, die mir, damit ich zu essen hatte, Fisch brachten und dann gingen. Nachts konnte ich nicht schlafen. Ich hörte die Schiffe und sprang aus der Hängematte. Wie Gespenster fuhren sie in der Dunkelheit vorbei. Ich sah das nutzlose Funkeln der Sterne, trank, gelegentlich schlief ich hier draußen, in der feuchten Nachtluft. Und die vielen Albträume: Schiffsunglücke, die nie aufhörten. Beim Aufwachen sah ich Bilder von Schiffskollisionen vor mir und hörte es krachen; ich sah das Gesicht von Juvêncio vor mir, ein aufgedunsenes, entstelltes Gesicht, ohne Augen, die ausgestreckten Hände bettelten mich an. Tagsüber war ich auf der Flucht vor diesen Dingen, so irreal und absurd, dabei wirkten sie derart lebendig, dass sie mir Angst machten. Wenn ich wach war, wusste ich nicht, was ich tun sollte, also sprach ich vor mich hin, um die Albträume zu vergessen. Die Fischer und Bootsführer sagten, ich hätte nichts im Kopf, den Verstand verloren. Und dieses Gerede bescherte mir einen Besucher, meinen einzigen und letzten Freund.

Wir hatten uns lange nicht mehr gesehen. Beide verließen wir nicht mehr das Haus. Estiliano setzte sich dorthin, auf den Hocker, den mir ein Sateré-Maué geschenkt hat. Er war sehr alt, aber noch bei Kräften. Und ein wenig bucklig, der Kopf hing vornüber. Er trug sein gewohntes weißes Jackett, am Revers die Anstecknadel mit der Waage der Justitia. Er glaubte das Gerede.

Wir schwiegen eine Weile, dann sagte er drei Wörter:

»Ich werde sterben.«

»Wie wir alle.«

»Ich werde vor dir sterben«, sprach er weiter. »Was erzählst du da in der Stadt?«

»Ich gehe nicht mehr in die Stadt, Estiliano. Ich spreche immer dieselben Worte, rühre mich aber nicht vom Fleck. Das griechische Gedicht. Deine Übersetzung des griechischen Dichters, die du nicht zu Ende gebracht hast.«

Den Blick auf den Amazonas und die Inseln gerichtet, sprach ich sie noch einmal.

Er schüttelte den Kopf, seufzte:

»Nutzlose Worte, Arminto.«

»Warum nutzlos?«

»Weil du, wenn du fortgehst, keine andere Stadt zum Leben finden wirst. Selbst wenn du eine findest, deine Stadt folgt dir. Du wirst durch dieselben Straßen streifen, bis du wieder hierher zurückkehrst. Du hast dein Leben in diesem Erdenwinkel vergeudet. Jetzt ist es zu spät, kein Schiff wird dich an einen anderen Ort bringen. Es gibt keinen anderen Ort.«

Estiliano zog aus seiner Jacketttasche einen Umschlag mit Guaranápulver, rot wie Blut. Er nahm ein wenig in den Mund, kaute und schluckte es herunter.

»Ein Leben mit Dinaura«, sagte ich. »Nur das gibt mir Kraft. Dinaura hatte ein Geheimnis zu erzählen. Sie glaubte ...«

»In einer Zeit, in der Krieg, Hunger und Not herrschen, glauben die Menschen an alles«, sagte Estiliano. »Aber Dinauras Geheimnis ...«

Er steckte den Umschlag in die Tasche und sah mich lange an, so liebevoll, dass es mich in Verlegenheit brachte. Denn es war nicht nur liebevoll, es war, als sähe er meinen Vater an. Und dann sagte er leise: »Dinaura ist auf die Insel zurückgegangen.«

Ich stand auf und trat auf ihn zu: »Insel? Was meinst du damit?«

Er forderte mich auf, mich wieder zu setzen und mich nicht aufzuregen. Er sagte, er wolle es mir erzählen, bevor er sterbe. Es sei ein Geheimnis zwischen meinem Vater und ihm gewesen. Aber er wisse nicht alles.

»Ich weiß, dass Amando auf gute Beziehungen zu Politikern angewiesen war«, sagte Estiliano. »Er hatte 1912 alles auf die Ausschreibung gesetzt und war einer großen Reederei unterlegen. Aber das war nicht der Grund für seinen Tod. Es ist lange her, du wohntest damals noch in der Pension Saturno und bereitetest dich auf das Jurastudium vor. Dein

Vater wollte mit mir in der Villa im Bairro dos Ingleses sprechen. Er war nervös, tief besorgt. Ich erkannte ihn fast nicht wieder. Er sagte, er unterstütze ein Waisenmädchen. Aus reiner Nächstenliebe. Dann sagte er, es sei nicht nur Nächstenliebe. Und bat mich, es niemandem zu erzählen. Er hat nicht gesagt, ob sie seine Tochter war oder seine Geliebte … Dem Alter nach hätte sie beides sein können. Anfangs glaubte ich, sie sei seine Tochter, doch dann habe ich es anders gesehen. Aber Gewissheit habe ich nie erhalten. Es war das einzige Mal, dass dein Vater mich in Verlegenheit gebracht und gekränkt hat. Er hat das Mädchen hierher geholt, zu Madre Caminal hat er gesagt, er sei ihr Pate und sie solle bei den Karmelitinnen wohnen. Und er hat sie gebeten, das für sich zu behalten. Ich weiß, dass Dinaura allein in einem Holzhaus gewohnt hat, das Amando hinter der Kirche hatte bauen lassen. Sie genoss Privilegien, bekam gutes Essen, und ich schickte ihr Bücher, weil ich wusste, dass sie gern las. Es war ein Fehler von Amando. Ein moralischer Fehler. Aber er wollte hier leben und in ihrer Nähe sein.«

»Dinaura … meine Schwester?«, sagte ich mit einem Kloß im Hals.

»Halbschwester«, erwiderte Estiliano. »Oder Stiefmutter. Das ist für mich die Frage. Deshalb wollte ich es dir nicht erzählen. Ich habe deinem Vater versprochen, für sie zu sorgen, sollte er vor mir sterben. Bis heute weiß ich nicht, wer sie ist. Ich habe herausgefunden, dass ihre Mutter auf einer Insel im Rio Negro geboren ist. Dinaura hat mir einen Brief geschrieben, sie wollte dort leben. Aus Vila Bela wollte sie weg. Als ich aus Belém zurückkam, war ich für zwei Tage hier. Du warst in Manaus. Das war zum Zeitpunkt des Unglücks der *Eldorado*. Ich habe mit Madre Caminal gesprochen und Dinaura geholfen.«

»Wir haben eine Liebesnacht gehabt«, sagte ich.

»Deshalb wollte sie fort von hier. In demselben Brief hat sie geschrieben, eure Geschichte komme nur in Romanen vor.«

»Ist sie am Leben? Wo liegt diese Insel?«

Estiliano faltete ein Blatt Papier auseinander und zeigte mir eine Landkarte mit zwei Wörtern: Manaus und Eldorado.

Ich sprach die Wörter laut aus und sah dabei Estiliano an.

»Das bedeutete einmal dasselbe«, sagte er. »Die Kolonisatoren hielten Manaus oder Manoa für das Eldorado. Sie suchten in der Neuen Welt nach Gold, in einer versunkenen Stadt mit Namen Manoa. Das war die eigentliche verzauberte Stadt.«

»Und diese Karte? Befindet Dinaura sich in Manaus oder auf der Insel?«

»Sie ist in den Ort auf der Insel gegangen, nach Eldorado«, sagte Estiliano. »Irgendjemand hatte Madre Caminal irrtümlich oder aus Bosheit erzählt, Dinaura habe eine schlimme Krankheit. Nein, dein Vater war es nicht. Vielleicht hat sie sich eingeredet, dass sie krank sei. Sagen wollte sie mir nichts. Ich glaube, einzig dein Vater konnte aus dieser Frau ein Wort herausholen. Madre Caminal war einverstanden. Da ist sie gegangen. Die Insel liegt nur wenige Stunden von Manaus entfernt. Dinaura muss in Eldorado sein. Vielleicht noch am Leben, vielleicht tot. Das weiß ich nicht. Ich wollte nur nicht dieses Geheimnis mit ins Grab nehmen. Deshalb bin ich gekommen. Und auch aus Freundschaft zu deinem Vater.«

Mein Vater. In diesem Moment dachte ich: armer Estiliano, ein seniler Alter. Ich sagte, ich hätte keinen Centavo, sei aber entschlossen, diese Hütte zu verkaufen, um nach Manaus und auf die Insel zu fahren.

Er zog ein Bündel Geldscheine aus der Tasche und legte sie mir auf die Knie. Bei Gott, wann hatte ich zuletzt Geld gesehen? Dann sagte er, er habe es eilig, wegen seines Todes sei er sehr beschäftigt. Gar nicht herablassend lächelte er. Und erklärte:

»Ich muss beim Notar den Vertrag für die Schenkung meines Hauses und meiner Bücher unterschreiben. Ich will alles Vila Bela vermachen und damit einen Wunsch meines Freundes erfüllen. Dein Vater wollte in dieser armen Stadt eine Bibliothek einrichten. Das hat er nicht mehr geschafft.«

Er stand auf und nahm mich in den Arm. Und so habe ich Estiliano zum letzten Mal gesehen, in seinem weißen Jackett, mit Hosenträgern und alten Schuhen.

Nichts ist im Leben so unabsehbar wie das Schicksal, sagte er immer. Stelios da Cunha Apóstolo. Er starb, als ich auf dem Weg nach Eldorado war. Man hat ihn in der Gruft der Cordovils beigesetzt. Das spanische Gedicht habe ich aufbewahrt, und auch die Karte von der Insel besitze ich noch heute.

Ich fuhr auf einem alten Schiff, einem Mississippidampfer, dem letzten, der in Amazonien in Betrieb war. Das Auge des Flussdelfins, das Florita mir geschenkt hatte, hatte ich mir um den Hals gehängt und die Fotografie von meiner Mutter Angelina in die Hosentasche gesteckt. Ich schlief in einer Hängematte, auf dem Deck der dritten Klasse, in Höhe der Wasserlinie. Viel Radau, angebundene Schweine und Geflügel, säuerlicher Geruch nach Schweiß und Schmutz. Und das Essen, kümmerliche Reste. Doch das alles war unwichtig, denn dies konnte die Reise meines Lebens werden, die Reise zum scheuen Herzen der Frau, die ich liebte.

Frühmorgens, als das Schiff sich Manaus näherte, ging ich hinauf zur Brücke, um die Türme der Kathedrale und die

Kuppel des Teatro Amazonas zu sehen. Ich dachte an die Villa im Bairro dos Ingleses, die Pension Saturno und das Lebensmittelgeschäft Cosmopolita, an die Arbeit im Laden des Portugiesen und in Manaus Harbour. Im Hafen Escadaria entlud ein Frachtkahn Latex. Von dem Geruch wurde mir schlecht, die übereinandergestapelten Gummiballen sahen aus wie ein Haufen tote Aasgeier. Ein hässlicher Anblick, nur wenige Straßen von der Firma entfernt, die ich geerbt und verloren hatte. Am Kai umringten mich Leute, die Sachen verkaufen wollten, die die Amerikaner im Zweiten Weltkrieg zurückgelassen hatten. Ich kaufte nichts. Kein Mensch erkannte einen Cordovil von früher. Ich hätte sogar in der Haut eines der fliegenden Händler stecken können; der Unterschied war, dass ich eine andere Geschichte hatte. Aber ist das nicht alles? Aus Rache und unreifer Lust hatte ich ein Vermögen durchgebracht. Aber wohlgemerkt: Ich bereue nichts.

Ich zeigte einem erfahrenen Lotsen die Karte und sagte, ich suchte eine Ortschaft auf der Insel Eldorado.

»Ich weiß, dass es auf einer der Anavilhanas-Inseln eine Siedlung von Leprakranken gibt«, sagte er. »Die sind aus der Kolonie Paricatuba geflohen.«

Die Krankheit, die Dinaura verheimlichte? Ich stellte mir ihre Schönheit zerstört vor, dachte an das Schweigen bei unseren Begegnungen. Der Lotse sah, dass es mir nicht gut ging. Er fragte, ob ich seekrank sei. Wütend, das war ich. Wenn Dinaura Amandos Tochter oder seine Geliebte gewesen war, dann war das eine Geschichte zwischen den beiden. Und eine ungeklärte, für alle Zeit. Aber hatte ich nicht auch Teil an dieser Geschichte?

Wir legten in einem kleinen Boot von Manaus ab, und am Vormittag befanden wir uns mitten im Anavilhanas-Archipel. Die Sehnsucht nach einem Wiedersehen mit Dinaura raubte mir die Sinne. Die Sehnsucht und die Erinnerungen an Boa Vida. Der Anblick des Rio Negro machte meinen Wunsch, den Rio Uaicurapá zu vergessen, zunichte. Und die Landschaft meiner Kindheit ließ meine Erinnerung nach so langer Zeit wieder neu aufleben. Weiße Sandkämme und Strandstreifen zeichneten sich gegen das dunkle Wasser ab; Seen, von dichter Vegetation eingerahmt; Riesenlachen, bei Niedrigwasser zurückgeblieben, und Inseln so groß wie Kontinente. War es möglich, in dieser grandiosen Natur eine Frau zu finden? Am späten Vormittag erreichten wir den Paraná do Anum, und die Insel Eldorado kam in Sicht. Der Bootsführer machte das Boot mit Tauen an einem Baumstamm fest; dann suchten wir den auf der Karte eingezeichneten Pfad. Der mehr als zweistündige Fußmarsch durch den Urwald war mühsam und schwierig. Der Pfad endete am See von Eldorado. Blauschwarzes Wasser. Und die Wasserfläche glatt und still wie ein Spiegel in der Nacht. Von unvergleichlicher Schönheit. Wenige Holzhütten zwischen dem Ufer und dem Urwald. Keine Stimme, kein Kind, wie man sie am Amazonas sonst immer selbst in den entlegensten Siedlungen sieht. Der Gesang der Vögel verstärkte nur die Stille. Ich glaubte, ich hätte in einer der palmstrohgedeckten Hütten ein Gesicht gesehen. Ich klopfte, nichts. Ich trat ein und sah in den beiden Räumen nach, dazwischen eine Trennwand so hoch, wie ich groß bin. Etwas Dunkles zitterte in einer Ecke. Ich ging dorthin, hockte mich daneben und erkannte ein Nest von großen Kakerlaken. Ich rang nach Luft; von dem Geruch der Insekten und dem Ekel vor ihnen brach mir der Schweiß aus. Draußen die endlose Weite des Sees und des Urwalds. Und die Stille. Dieser wunderschöne Ort, Eldorado genannt, war von Einsamkeit bewohnt. Am Rand der Siedlung stießen wir auf eine Hütte für die Herstellung von Maniokmehl. Wir hörten Gebell; der Bootsführer wies auf eine Hütte am Waldrand. Es war die einzige mit einem Ziegeldach, die Veranda durch ein Holzgitter geschützt und neben der kurzen Treppe ein Blechgefäß mit Bromelien. Ein Geräusch. In der Tür das Gesicht eines jungen Mädchens, ich ging allein zu ihr. Sie versteckte ihre Gestalt, ich fragte, ob sie dort wohne.

»Ja, mit meiner Mutter«, sagte sie und wies mit gespitzten Lippen auf das andere Seeufer.

»Wo sind die anderen?«

»Gestorben und weggegangen.

»Gestorben und weggegangen?«

Sie nickte. Und kam nach und nach zum Vorschein, schließlich zeigte sie ihre zuvor aus Scheu und Misstrauen verborgene Gestalt ganz.

Arbeitete sie in diesem Haus?

»Ich bin tagsüber hier.«

Kannte sie eine Frau … Dinaura?

Sie wich ein wenig zurück, legte die Hände wie zum Beten zusammen und blickte sich um, ins Innere des Hauses hinein.

Das Wohnzimmer war klein, wenige Gegenstände: ein Tischchen, zwei Hocker, ein niedriges Regal voller Bücher. Zwei Fenster, zum See hin geöffnet. Ich hielt vor einem schmalen Flur inne. Bevor ich den Schlafraum betrat, sahen der Bootsführer und das Mädchen mich an, ohne zu begreifen, was gerade geschah, was gleich geschehen würde.

Ich kehrte nach Vila Bela zurück und habe mich weiter hier versteckt, aber viel lebensfroher. Kein Mensch wollte diese Geschichte hören. Die Leute denken immer noch, dass ich hier allein lebe, ich mit meiner Verrücktenstimme. Dann bist du gekommen, wolltest dich im Schatten des Jatobá ausruhen, hast um Wasser gebeten und warst so geduldig, einem alten Mann zuzuhören. Es hat gutgetan auszusprechen, was mir so auf der Seele brannte. Atmen wir nicht durch das, was wir sagen? Kann nicht erzählen oder singen unseren Schmerz lindern? Wie viele Worte wollte ich Dinaura sagen, wie vieles hat sie nicht von mir hören können. Am frühen Abend warte ich darauf, dass der Tinamu ruft. Hörst du das Rufen? Dann beginnt unsere Nacht. Du siehst mich an, als wäre ich ein Lügner. Mit dem gleichen Blick wie alle anderen. Glaubst du, du hast Stunden vor dieser Hütte gesessen und Märchen gehört?

NACHWORT

Im Jahre 1965, als es am Amazonas noch kein Fernsehen gab, lud mich mein Großvater eines Sonntags ein, bei ihnen zu Mittag zu essen. Ich nahm seine Einladungen immer gern an, denn ich wusste, nachdem wir das leckere Essen meiner Großmutter verzehrt hatten, würde er mich auffordern, sich mit ihm im Schatten eines Jambolanapflaumenbaums zu unterhalten. Tatsächlich war es eher ein Monolog, mein Anteil beschränkte sich auf Fragen. An jenem Nachmittag erzählte mir mein Großvater eine Geschichte, die er 1958 auf einer seiner vielen Reisen ins Hinterland von Amazonien gehört hatte.

Es war eine Liebesgeschichte mit dramatischer Wendung, wie fast immer in der Literatur und gelegentlich auch im Leben. Und in dieser Geschichte kam auch ein Mythos vom Amazonas vor: der Mythos von der verzauberten Stadt.

Früher glaubten viele Eingeborene und Anrainer der Flussufer in Amazonien – und so mancher glaubt es heute noch –, dass tief unten auf dem Grund eines Flusses oder Sees eine reiche, prächtige Stadt liegt, in der verzauberte Menschen in beispielloser Harmonie und sozialer Gerechtigkeit leben. Sie werden von Wasser- oder Waldgeschöpfen (zumeist vom *Boto*, dem Flussdelfin, oder einer Anakonda) verführt und auf den Grund des Flusses gelockt, und von dort können sie nur durch Vermittlung eines Medizinmannes zurückkehren, dessen Körper oder Geist vermag, zu der verzauberten Stadt zu reisen, mit ihren Bewohnern zu sprechen und die Entführten gelegentlich in unsere Welt zurückzuholen.

Ich erinnere mich, dass mein Großvater diese Geschichte über mehrere Stunden in farbiger Sprache und mit theatralischer Gestik erzählte und dass ich ihm gebannt lauschte.

Als ich Jahre später die Berichte europäischer Eroberer und Reisender über Amazonien las, wurde mir klar, dass der Eldorado-Mythos eine mögliche Version oder Variante des Mythos von der verzauberten Stadt ist, der in Amazonien als Sage gilt. Diese Mythen sind Teil der indoeuropäischen, aber auch der indianischen und vieler anderer Kulturen. Denn Mythen wandern genau wie die Kulturen, sie sind miteinander verquickt und gehören zur Geschichte und dem kollektiven Gedächtnis.

Als mein Großvater mir die Geschichte von den Waisen erzählte, fragte ich, wo er sie gehört hatte. Jahre später, auf einer Reise durch Mittelamazonien, suchte ich den Erzähler in der von meinem Großvater genannten Stadt auf. Er wohnte noch in demselben Haus, das mein Großvater mir beschrieben hatte, und war so alt, dass er sein eigenes Alter nicht benennen konnte. Er lehnte es ab, mir seine Geschichte zu erzählen:

»Die habe ich schon einmal erzählt, einem fliegenden Händler, der hier durchgekommen ist und mir freundlich zugehört hat. Jetzt kann ich mich nicht mehr so gut erinnern, es ist alles verblasst …«

DANKSAGUNG

Ich habe einige wenige indianische Erzählungen und Passagen aus den Büchern von Betty Mindlin, Candace Slater und Robin M. Wright über Mythen des brasilianischen Amazonien frei verwendet. Zwar bezieht sich diese Erzählung nicht direkt auf die Indianer oder die indianische Kultur, doch die Lektüre des Essays *A inconstância da alma selvagem* von Eduardo Viveiros de Castro hat mir wesentlich geholfen, die Tupinambás von Amazonien zu verstehen und über diesen Roman zu reflektieren.

Ich danke dem Verleger Jamie Byng von Canongate dafür, dass er sich für dieses Buchprojekt interessiert und es in die Reihe Mythen aufgenommen hat. Mein besonderer Dank gilt Ruth Lanna, Samuel Titan jr. sowie meinen Freunden und Lektoren Luiz Schwarcz, Maria Emília Bender und Márcia Cópola, die mir wie immer ausgezeichnete Anregungen gegeben haben.

Andere Freunde, die das Original gelesen haben, wissen, dass ich für ihre geduldige und aufmerksame Lektüre dankbar bin.

Die Mythen

Renommierte Schriftsteller aus der ganzen Welt versammeln sich zu diesem groß angelegten literarischen Unternehmen und schaffen mit ihren ganz eigenen Versionen mythischer Geschichten einen modernen Kanon klassischer Erzählkunst.

»Ein gigantisches Literatenprojekt.«
Süddeutsche Zeitung

»Ein schönes Projekt mit großartigen Autoren aus aller Welt.«
Die ZEIT

Bisher erschienen:

Karen Armstrong
Eine kurze Geschichte des Mythos
Aus dem Englischen von Ulrike Bischoff

Margaret Atwood
Die Penelopiade
Der Mythos von Penelope und Odysseus
Aus dem Englischen von Malte Friedrich

Jeanette Winterson
Die Last der Welt
Der Mythos von Atlas und Herkules
Aus dem Englischen von Monika Schmalz

Viktor Pelewin
Der Schreckenshelm
Der Mythos von Theseus und dem Minotaurus
Aus dem Russischen von Andreas Tretner

David Grossman
Löwenhonig
Der Mythos von Samson
Aus dem Hebräischen von Vera Loos und Naomi Nir-Bleimling

Alexander McCall Smith
Der Gott der Träume
Der Mythos von Angus
Aus dem Englischen von Michael Kubiak

Su Tong
Die Tränenfrau
Der Mythos von der treuen Meng
Aus dem Chinesischen von Marc Hermann

Olga Tokarczuk
AnnaIn in den Katakomben
Der Mythos der Mondgöttin Innana
Aus dem Polnischen von Esther Kinsky

Ali Smith
Girl meets boy
Der Mythos von Iphis
Aus dem Englischen von Silvia Morawetz

Drago Jančar
Der Wandler der Welt
Der Mythos von Dädalus
Aus dem Slowenischen von Detlef Olof

BERLIN VERLAG